張正藩著

中國書院制度考略

中華書局印行

陳序

中國書院制度乃國家敎育之所，自宋迄淸，歷時千載，其間如宋之白鹿洞，明之東林，淸之南菁、尊經、學海，皆由大師碩儒主講，英才輩出，對我國傳統文化之闡揚，文史性理之講習，有極大之貢獻。抗戰時，余主持全國敎育行政，曾奉　蔣公之命，延請國學大師馬一浮先生擔任復性書院主講，原欲恢復古制，以求復興國學。以上各事，惜無專書紀述，今人已僅知有學校而不復知有書院矣。張正藩兄從事敎育，所著「近卅年中國敎育述評」一書，聞名於世。乃復以古代書院之講學精神，有非現代大學所及，曾就其沿革與影響詳加考證，成「中國書院制度考略」一書，自美國加州寄示其書之目錄，囑爲之序。余以書院制度，集文史研究之長，其講學精神，確有可取，且其取因材施敎方法，尤合深入研究之道，足供今日敎育當局之參考採納，因書數語以爲之介。

中華民國六十九年七月吳興陳立夫於臺北

自序

書院之名，初見於唐，本爲修書之所，後世所稱學校式之書院，實始於五代，而成於宋初。此一有組織之民間私學制度，歷經元明清三代而勿衰，對於我國教育、社會、政治及學術思想等方面，均有極大之影響。僅就教育而言，如院址之優美，講學之自由，教訓之合一，以及有教無類，因材施教，注重自動自發之研究精神，若與現代之大學比，實有過之而無不及也。

自南唐昇元間（公元九三七－九四三）白鹿洞書院之建立，至清光緒廿七年（一九〇一），所有書院均改建爲各級學堂止，歷時凡九六四年。書院雖已成歷史名詞，然其在我國教育史上之地位與價值，並未隨時間而消失。故作者乃就其起源、規制、演變與影響，加以研究，曾先後成論文多篇，散見於國內各刋物。茲擇其中十一篇彙編爲「中國書院制度考略」一書，尚有七篇已分別收入拙著「近卅年中國教育述評」（正中三版）「教育論衡」（商務）及「訓育問題」（商務）中，爲免重災梨棗，不擬再編入本書之內。

本書各文因非同一時間草成，故所述難免重複，而涉獵不廣，內容亦欠充實。顧坊間尚少此類專籍，如因此一小書之梓行，而引起教育學術界之研究興趣，從而達到拋磚引玉之目的，幸何如之！

書成，承陳資政立夫先生於百忙中賜予序言，謹此誌謝。

一九八〇年五月張正藩自序於美國加州寄廬

中國書院制度考略目次

一、中國書院之起源

一、書院的起源

書院一詞，開始見於唐代。袁子才曰：「書院之名起唐玄宗時，麗正書院、集賢書院，皆建於朝省，爲修書之地，非士子肄業之所也。」（隨園隨筆卷十四）稽之唐書，斯說誠然。

新唐書百官志：「開元五年，乾元殿寫四部書，置乾元院使，有刊正官四人，以一人判事。押院中使一人，掌出入宣奏，領中官，監守院門。知書官八人，分掌四庫書。六年，乾元院更號麗正修書院，置使及檢校官，改修書官爲麗正殿直學士。八年，加文字直，又加修撰校理刊正校勘官。十一年，置麗正院修書學士。光順門外亦置書院。十二年，東都明福門外，亦置麗正書院。十三年改麗正修書院爲集賢殿書院。」

唐六典：「開元十三年，改集賢殿修書所爲集賢殿書院。有學士直學士侍講學士修撰官校理官知書官等。集賢院學士掌刊緝古今之經籍，以辨明邦國之大典，而備顧問應對，凡天下圖書之遺逸，賢才之隱滯，則承旨而徵求焉。其有籌策之可施於時，著述之可行於代者，較其才藝，考其學術而申表之。凡承旨撰集文章，校理經籍，月終則進課於內，歲終則考最於外。」

舊唐書玄宗本紀、職官志、列傳，新唐書藝文志、列傳等，均有類似之記載。此外，如玉海：「開元十一年春，於大明宮光順門外，造麗正書院。夏，詔學士侯行果等侍講周易莊老，頻賜酒饌，學士等燕飮爲樂。前後賦詩奏上凡數百首，上每嘉賞。院中，既有宰臣侍講，屢承珍異之賜。燕公詩曰：「東壁圖書府，西垣翰墨林，誦詩聞國政，講易見天心。」」

根據上引，可見書院之名始於唐代，爲修書之地，非士子肄業之所。安徽通志卷九十二也說：「古講學之地無書院之名，名之立自唐始，麗正，蓬萊，石鼓是也。」近人陳東原中國教育史亦說：「書院一名起於唐代，本爲修書之所。……古代書籍，既須用竹簡布帛，或賴紙鈔，均不免有缺脫訛誤，故校書之事，甚是重要。……既須校書，必賴藏書。故漢有東觀、蘭台、石室、仁壽閣。隋有嘉則殿。至唐則稱爲書院，有麗正集賢諸書院。其地均藏書而兼校書之用。」

總之，書院起於唐代，且爲修書之所，觀乎唐書及其他著作，當信而可徵。但書院之名，是否始於唐玄宗時之麗正集賢？卽在玄宗之前，是否已有「書院」，且爲「士子肄業之所？」此一問題，似值得探究。

嘉慶四川通志說，遂寧縣張九宗書院建於唐太宗貞觀九年。圖書集成職方典四川學校考，則說它建於德宗貞元年間，究竟那個年代對，文獻少徵，不能遽下結論。假如嘉慶四川通志的記載可靠的話，張九宗書院，那自然是最早的書院了。同時，則玄宗時之麗正集賢書院，自不能認爲是後來書院的不祧之祖了。

張九宗書院年代雖不確定，但它的存在却不容否認。所以拋開麗正集賢書院不管，我們終不能不說唐代已有了便於士民講學的書院。據羣書所述，唐代各地方，除了張九宗書院以外，還有衡陽的石鼓書院，吉水的皇寮書院，漳州的松州書院，江州的景星書院，德安的義門書院等，有二十來座，大致都立於天寶亂後。不過，凡是一種制度，在初起多不會怎樣嚴密，也不會立卽盛行。因此，書院之在唐代僅是初立根基，其發揚光大還須等到一百多年以後。

二、書院與禪林制的關係

書院產生的原因固多，但與禪林制度不能說沒有關係，試申論之。

自魏晉以來，佛教信徒每依山林名勝之處，建立叢林，勤修禪道。每一座叢林，設「長老」或「住持」一人總其成。下分東西兩序，東序司總務，西序司教務，其下尙有職員贊助。講學分爲五種，分期舉行。一曰講經，多在夏節舉行；二曰小參與晚參，「小參」指平時隨時開講，在夜間舉行者爲「晚參」。「參」卽聚衆開示，有益於參禪；三曰「普說」，爲

普通討論之集會；四曰「朔望及普茶」，爲茶話會性質；五曰「入室請益」，是學者個人向長老問道。（周予同中國學校制度）

禪林爲有組織之佛學研究所，與書院制度有許多相似之處，故每論及書院制度之形成，多謂受唐及五代士人讀書山寺及禪林精舍的影響。

盛朗西曰：「蓋儒生學者遭唐末五代百十餘年之摧毀，未能痛快以講學，斯時卽有一種向學之要求。而其規制，則不免受當時佛教禪林制度之影響。」（中國書院制度）

陳東原曰：「自漢末佛教入中國，至魏晉而盛。………迄於唐代，佛法大昌。自魏以來，佛徒每依山林名勝之區，建立叢林，勤修禪道。………精舍之名亦作始於漢末，通行於魏晉，………精舍之特點，卽在清靜潛修。此種事實，顯示於儒者之徒，覺無論個人修學，以及教育青年，俱無需專恃官家之興學。山林閒曠，州郡鄉邑，固隨處可爲讀書肄業之所。」（中國教育史）

嚴耕望曰：「名山古剎既富藏書，又得隨僧齋餐，此予貧士讀書以極大方便。當時政府不重教育，惟以科舉招攬人才。故士子只得因寺院之便，聚讀山林，蔚爲時風。致名山巨剎，隱然爲教育中心之所在。五代兩宋書院制度，蓋亦萌於此歟？」（唐人多讀書山寺，大陸雜誌二卷四期）又說：「唐代佛教承南北朝之盛況，繼續發展，臻於鼎盛，此亦助長讀書山林之風尚。………寒士出身既惟有勤習詩賦以取進士科第，而貧無特營山居之資，勢必借寓寺院靜境以爲習業之所。……由此言之，宋代書院制度，不但其性質由唐代士子讀書山林寺院之風尚演進而來，即『書院』之名稱，亦由此種風尚所形成，宋人承之而大規其制，以爲羣居講學之所耳。」（唐人讀書山林寺院之風尚，民主評論五卷廿三期）

徐鍇「陳氏書堂記」中曾云：「稽合同異，別是與非者，地不如人；陶冶氣質，漸潤心靈者，人不若地；學者察此，可以有意於居矣。」（全唐文八八八）此言誠是。按稽同異，別是非，乃經學所矜重；陶氣質、潤心靈，乃習文之津途。一重人，故覓師；一重地，故擇勝。唐中葉以後，人務詩賦以取進士，宜其擇山林寺院之勝地，以爲習業之所矣。

綜上所引，可知書院與禪林精舍有極密切之關係。六朝以還，此風愈盛，而僧道又各有精舍，以授其徒，此乃書院之前身。但亦有人對書院受禪林精舍影響一節，則持不同之意見。如陳道生先生在其「中國書院教育新論」中引黃建中氏言以指其非。

「是時儒家私學，固未形成書院之制；而孔子故所居堂，弟子內，後世因廟置琴、書、車、衣服、禮器，漢初諸生猶以時習禮其家；武帝末，魯恭王壞孔子宅，得秦舊書，皆古字。此未始非書院之濫觴焉。後漢祭彤從明帝東狩，過魯；帝坐「孔子講堂」，顧指「子路室」，謂左右曰：「此太僕之室；太僕，吾之禦侮也。」「孔子講堂」似即「孔子故所居堂」，「子路室」似即「弟子內」之一。漢儒講學，有「精舍」，或「講舍」。劉淑隱居，立精舍講授，諸生常數百人；劉梁大作講舍，朝夕自往勸誡。晉常璩華陽國志稱：漢文翁爲蜀守，立文學精舍、講堂、作石堂……文翁講堂，劉梁講舍，雖均爲官學，實皆本於孔子講堂；而劉淑精舍固私學，則依倣「文翁精舍」者也。晉釋慧遠法師，本姓賈氏，少爲諸生，博綜六經，尤善老莊，……受業於道安。其後輾轉到潯陽廬山立「龍泉精舍」，號東林。出禪戒典百卷。居山卅年，與名儒及其弟子結白蓮社，率衆至百二十三人。於易理、詩義、喪服無不精。遠公逃儒入禪，殆意有所託；其精舍禪林，蓋遠效文翁，近則劉淑，要亦師法孔子之杏壇設教；得之叢林清規，實肇始於此。時人多謂宋元書院制度脫胎於禪林，翩其反矣。（黃建中中國文化論第一集，先秦學校制度與教育理論）

陳道生先生不僅引黃建中氏言，駁陳東原氏之論；並且不贊同嚴耕望氏主張，又引典籍證明精舍、石室爲漢儒授徒之所，其往往至數百千人，結論爲「石室精舍，本爲前儒講習之地，至此釋徒遂廣爲襲用，而此時佛教精舍之盛，又可見其正承漢魏私人授徒遺風而來。」（孫彥民宋代書院制度之研究）

要之，書院與禪林精舍的關係，仁智互見，不便遽下結論，個人則比較傾向於孫彥民先生所說：

「誠然，宋儒講學書院之中，乃繼承漢魏私人授徒遺風而來；禪林精舍之制度亦受儒家講學之影響。唯書院制度之建立，仍不能不謂受佛門制度之刺激，其理由有三：

（一）宋儒之學，思想內容，雖承繼儒家經典，而思想方式受佛學影響甚大。

（二）書院制度與禪林制度有類似之處，人所共知。現雖無法尋求書院模倣禪林之證，然却可找出建立書院之對比心理，此可由朱子重建白鹿洞時之語證之。

（三）宋時書院多建於風景秀麗之地，不似先儒授徒之在私宅，却類佛寺禪舍之建於山明水秀之鄉。

由上述三點看來，謂宋代書院之建立，受士人讀書山寺及禪林制度之影響，當比斷言二者無關較合情理。」（詳見前書）

三、宋初的有名書院

書院一名，起於唐代，本爲修書之所，前已言之，至後世所稱學校式的書院，實始於五代，而成於宋初。宋初有號稱四大書院者，各書所載，微有異同。馬端臨「文獻通考」以白鹿、石鼓、應天、嶽麓爲四大書院，而云嵩陽、茅山，後來無聞。王應麟「玉海」則以白鹿、嶽麓、應天、嵩陽爲四大書院，似根據呂祖謙「鹿洞書院記」所稱「嵩陽、嶽麓、睢陽（卽應天府書院）及是洞（指白鹿洞書院）爲尤著，天下所謂四書院是也。」王圻「續通考」，亦以「玉海」所云四大書院，有嵩陽而無石鼓，認「玉海」爲正。後世或從王說，或從馬說，迄無定論。但宋初海內的大書院實有六所（見下），因該六所書院，曾先後受過朝廷褒獎之故。

白鹿洞書院　太宗太平興國二年（九七七）賜書。（玉海作三年）
嵩陽書院　太宗至道二年（九九六）賜額及書。（續通考作元年，河南通志登封縣志作三年）
應天府書院　眞宗大中祥符三年（一〇一〇）賜額。
嶽麓書院　眞宗大中祥符八年（一〇一五）賜額及書。
茅山書院　仁宗天聖二年（一〇二四）賜田。
石鼓書院　仁宗景祐二年（一〇三五）賜額。

關於以上六所書院之建置，依羣書所載，大略如下：

白鹿洞書院　唐貞元中（七八〇—八〇四），李渤與兄涉隱於此。南唐昇元中（九三〇年左右）建學置田，號「廬山國學」。宋初始置書院。

院在江西星子縣北廬山五老峯下。唐李渤與兄涉讀書廬山，常畜小白鹿自隨，因以名洞。南唐於此建學，宋初始置書院，後廢。朱子知南康軍，重建復之，講學其地。明清兩代皆建書院以課士。（辭源）

書院以白鹿洞爲最早。白鹿洞南唐時號爲廬山國學，「南唐書」記之較詳。陸游「南唐書」：朱弼字君佐，建州人。擧明經第一，授國子助教，知廬山國學。盧絳、蒯鼇、諸葛濤飲博不逞，患苦諸生，學官依違無敢問者。及弼至，一切繩以禮法，每升堂講說，座下肅然，絳等亦愧服引去。徒自四方來者，數倍平時。國亡，補衡山縣主簿，秩滿，求為南嶽廟令，卒。

陳舜俞「廬山記」：南唐昇元中，因洞建學館。置田以給諸生，學者大集。乃以國子監九經李善道為洞主，掌其教。

朱熹「知南康軍榜文」：按國經，白鹿洞學館，雖起南唐，至國初時猶存舊額，後且廢壞。

「白鹿洞志」：白鹿洞者，唐李渤讀書處也。初貞元中，渤與其兄涉俱隱廬山，而渤養一白鹿甚馴，行常以之俱隨，人因稱為白鹿先生，而謂其所居曰白鹿洞。寶歷中，渤為江州刺史，即所隱地創台榭，以張其事，而鹿洞遂盛聞於人矣。其後唐末兵亂，郡學校廢壞，高雅之士，往往讀書講藝其中。南唐昇元中，始建為學，置田聚徒，以國子監九經李善道為洞主，名曰廬山國學。四方之士受業而歸，出為世用，名績彰顯者甚衆。

「玉海」：白鹿洞，南唐昇元中，因洞建學館，置田以給諸生，學者大集，以李善道為洞主，掌教授，當時謂之白鹿洞國庠。

除白鹿洞外，睢陽嵩陽建置亦甚早。

應天府書院　宋眞宗大中祥符三年（一〇一〇），應天府民曹誠即戚同文舊居建。

應天府書院即睢陽書院，原為睢陽戚同文先生講學之所。時晉末衰亂，睢陽先生絕意祿仕，將軍趙直爲築室聚徒；請益之人不遠千里而至。宋祥符間，府民曹誠即同文舊居旁，造舍百餘間，聚書數千卷，延生徒講習甚盛，詔賜額爲應天府書院。（盛朗西中國書院制度引）

宋史「戚同文傳」：戚同文字同文，宋之礎丘人。時晉末喪亂，絕意祿仕，且思見混一，遂以同文爲名字。楊懿嘗勉之仕，同文曰，長者不仕，同文亦不仕。懿依將軍趙直家，遇疾不起，以家事託同文，即爲葬三世數喪，直復厚加禮待，爲築室聚徒，請益之人不遠千里而至。登第者五六十人，宗度、許驤、陳象輿、高象先、郭成範、王礪、滕涉皆踐台閣。

「通考」：院在河南商邱縣城西北隅。宋眞宗祥符三年（一〇一〇）應天府民曹誠即戚同文舊居建屋百五十間，聚書數千卷，博延生徒，講習甚盛。府奏其事，詔賜額曰「應天府書院」。命奉禮郎戚舜賓（同文嫡孫）主之，仍命本府幕職官提舉，以曹誠爲助教。

嵩陽書院　五代周時（九五〇——九六〇）建。宋至道三年（九九七）賜名太室書院。景祐二年（一〇三五）更名嵩陽書院。院在河南登封縣太室山南麓，五代周時建，初名太室書院，宋更名，與睢陽（應天書院）、白鹿、嶽麓，號四大書院。明末圮，淸時重修。（辭源）

「續通考」：嵩陽書院在河南登封縣太室山下，五代時建。

登封縣志：嵩山書院在太室南。舊志即太室書院，五代周時建。宋志道三年，賜名太室書院，藏九經其中。是年河南守臣上言甘露降書院講堂。宋景祐二年，敕西京重修，更名嵩陽書院。王曾奏置院長，給田一頃供爨。

葉封「重建嵩陽書院碑記」：先是崇福宮有太室書院，建自五代周時，宋至道間賜九經，景祐間重建，改稱嵩陽書院。

嵩陽書院爲嵩山中一大勝蹟，院在北魏時爲嵩陽寺，由北魏孝文帝所建，至唐代改爲嵩陽觀，爲道士修行之所。嵩山是道家勝地，昔日道觀極多，多已湮毀不存。到五代時周代改建爲太室書院，宋太宗至道年間，始改爲嵩陽書院。宋代中大儒程顥、程頤均曾在此講學，爲極盛時代。元代復易名爲嵩陽宮，明嘉靖年間，又恢復嵩陽書院名。清代康熙時重建。迄今廊廡多已殘破不堪，千餘年來，歷盡滄桑。在昔年和河南睢陽書院、湖南嶽麓書院、江西白鹿書院，並稱全國四大書院。（郭嗣汾嵩嶽正得天下心，中央月刊六卷一期）

嶽麓書院　嶽麓書院在宋初四大書院中，建置爲較遲。宋開寶中（九七六），潭州守朱洞建。或謂實彭城劉鼇創之。清康熙時重修。

張栻「嶽麓山書院記」：湘西故有藏室，背陵向壑，木茂而泉潔，爲士子肄業之地。始開寶中，郡守朱洞，首度創基宇，以待四方之學者。歷四十有一載，居益加葺，生益加多。李允則來爲州，請於朝，乞賜書藏。方是時山長周式，以行誼著。祥符八年，召見便殿，拜國子學主簿，使歸敎授，詔以嶽麓書院名，增賜中祕書，於是書院之稱始聞天下，鼓笥登堂者，相繼不絕。

「大清一統志」：嶽麓書院，在善化縣西嶽麓山下。宋開寶中潭州守朱洞建。實彭城劉鼇創之。祥符中，詔以國子監經籍賜嶽麓書院，並賜額。乾道初，湖廣安撫劉珙重建，張栻爲之記。

「南嶽志」：嶽麓書院居嶽麓峯之下，創自宋開寶中郡守朱洞，祥符八年始賜名。至乾道間重修，張南軒爲之記。南軒嘗爲朱子講學其中，時學者多至千人。齋舍至百間，田至五十頃，書院之盛爲天下甲。

「玉海」：院在湖南善化縣西嶽麓山下，初彭城劉鼇創。宋開寶九年（九七六）潭州守朱洞建，作講堂五間，齋序五間，以待四方學者。咸平二年（九九九）州守李允則亦崇大其規模。復奏書院修廣舍宇，生徒六十餘人，請下國子監賜書，從之。祥符五年（一〇一二）山長周式請於州守劉師道廣其居。八年（一〇一五）召式見便殿，拜國子主簿，使歸教授，因舊名賜額。

石鼓書院　在湖南衡陽縣北二里，唐元和中（八一〇左右）建，北宋重建。

院在湖南衡陽縣北二里石鼓山，舊爲尋眞觀。唐刺史齊映建合江亭於山之右。元和中，州人李寬結廬讀書其上，刺史呂溫嘗訪之。宋至道中（九九五——九九七），郡人李士眞援寬故事，請於郡守，即故址創書院，以居學者。（陳東原中國教育史引）

「南嶽志」：　石鼓書院，石鼓山在迴雁峯下，據燕湘之會，唐刺史齊映建合江亭於其陰。元和間，士人李寬始構屋山巔，讀書其中。宋至道間，郡人李士眞復就遺址重建。景祐間，集賢校理劉沆以書院上請，始賜額與學田，與睢陽嶽麓白鹿稱四大書院。

茅山書院　宋仁宗時，有處士侯遺字仲逸，營書院於江寧府三茅山後。教授生徒，兼飲食之，十餘年。天聖二年（一〇二四），王隨知江寧府，奏請於三茅齋糧莊田內量給三頃充書院贍用，從之。先生歿，遂廢弛。居空徒散，地爲崇禧觀所據。南宋以後始屢興復。咸淳七年，徙金壇縣南五里顧龍山之麓。

「宋會要」：處士侯遺葺書院於茅山，教授生徒，積十餘年，自營糧食。天聖二年，光祿卿知江寧府事王隨言於朝，請撥茅山齋糧剩數，就莊田內量三頃充書院贍用，從之。

「茅山志」：六代猶有名賢山房，至趙宋但一侯處士書院，今亦失遺址所在矣。竊考侯學士遺，字仲逸，家縣西，嘗分俸以濟鄉鄰，衆德之，名其里爲通德鄉。後居茅山，營刱書院教授生徒，兼飲食之，積十有餘歲。天聖二年，王隨知江寧府，奏請於三茅齋糧莊田內置給三頃，充書院贍用，從之。

「金壇縣志」：茅山書院，宋仁宗天聖中，侯先生仲逸建於三茅山。理宗淳祐中，知縣孫子秀因故址而新之。後爲崇禧觀所據。理宗端平中，漫塘劉宰別創於三角山，尋廢。度宗咸淳七年，徙建於顧龍山，今亦廢。

「宋史孫子秀傳」：孫子秀改知金壇縣。訪國初茅山故址新之，以待遠方遊學之士。

以上爲宋初有名的書院，其淵源皆在唐末五代之際，如石鼓是唐末李寬結廬讀書之所，白鹿洞是李渤隱居之處，應天府書院是五代戚同文舊居，嶽麓書院爲彭城劉鼇創建於五代周時。當時均尚不以書院爲名，不過爲名賢讀書，隱居或居家教授之地。到了宋初，才以書院爲名的。例如白鹿洞之請賜九經，在太平興國二年，公元九七七，而其稱爲書院亦在是時（設學雖在五代，但稱廬山國學，并未叫作書院）。嵩陽書院固五代周時所建，然至道三年，公元九九七，才賜名太室書院，亦於是時頒書賜額。嶽麓書院，亦宋開寶九年，公元九七六潭州守朱洞建。應天府書院，大中祥符二年，公元一〇〇九，聚書數千卷，始稱書院。如此觀之，是因爲有「書」而後才稱作書院的。故書院之淵源雖在五代，而其成爲書院，以書院見稱，實在宋開國十餘年之後（趙匡胤受周禪在公元九六〇年）。自公元九七六至一〇〇九，三十餘年間，方是書院創立的時代。

二、宋代的書院

書院之名昉於唐，書院之制則創於五代之南唐，而確立於宋初，宋初有天下四大書院之稱。後來逐漸推廣到南宋時，由於時局的不靖，官學的腐敗，理學的發達，書院乃大盛起來。書院制度自宋代建立以後，歷元、明、清三朝，差不多有一千年的歷史，確爲國史上極絢爛之一頁。

書院何以於宋初始盛？朱熹、呂祖謙已言之詳矣。王應麟玉海述宋朝四書院，亦沿引其文。

朱熹「重修石鼓書院記」：予惟前代庠序之教不修，士病無所於學，往往擇勝地，立精舍，以爲羣居講習之所。而爲政者乃或就而褒表之，若此山若嶽麓若白鹿洞之類是也。

呂祖謙「鹿洞書院記」：竊嘗聞之諸公長者，國初斯民，新脫五季鋒鏑之阨，學者尙寡，海內向平，文風日起，儒生往往依山林，卽閒曠以講授，大率多至數十百人。嵩陽嶽麓及是洞爲尤著，天下所謂四書院也。

據孫彥民先生統計南北宋書院有年代可考者，共有一百八十五所，計北宋卅八所，南宋一百四十七所。就地域論，以江西爲最多，有一百卅八所。就時代論，以理宗朝爲最多，共五十四所。其統計如下：（孫著宋代書院制度之研究）

宋代書院地域分佈如下表：

省別	院數	省別	院數
江西省	一百卅八所	福建省	五十四所
浙江省	四十八所	湖南省	四十六所
廣東省	二十所	四川省	十五所
江蘇省	十三所	廣西省	九所
河南省	八所	湖北省	七所
安徽省	五所	山東省	五所
陝西省	四所	河北省	三所
山西省	三所	其他	一所
總計	三百七十九所		

宋代書院創設時代如下表：

時代	院數	時代	院數

宋前	四所	高宗	十二所
太祖	一所	孝宗	三十八所
太宗	七所	光宗	一所
眞宗	五所	寧宗	四十所
仁宗	八所	理宗	五十四所
英宗		度宗	十二所
神宗	四所	帝顯	
哲宗	二所	端宗	
徽宗	六所	帝昺	
欽宗	一所	無可考	一百九十四所

至於書院發達之原因，據孫氏分析，北宋書院之興起，是由於官學太少；南宋書院之大盛，是由於官學敗壞與理學興起。另據費海璣先生在「宋代書院新考」（現代學苑第一卷第十一期）一文內研究分析，認爲宋代書院之興起，重要原因有六，茲一併介紹於下，以供參考。

第一爲宋人賤視武卒，故有設相當數量之書院以安置子弟之必要。

第二爲國學、府學、縣學，既係官辦，其學生中頗有非誠心求學而爲職業學生者，遂令學者感無自由講學之安全，乃不得不別闢一自由講學之機關。

第三爲退休老官僚爲培植其勢力而興學。例如吾贛之虎溪書院，卽老官僚程天器所辦之書院，初名飛麟學塾，至宋嘉定間，其孫程必東、程必簡先後登進士，始改名虎溪書院。

第四爲收容流亡知識份子，最顯著之例，爲孟珙之創辦南陽書院及公安書院，以收容流亡學生，又創竹林書院以處襄漢流寓之士。他若龔基先創淮海書院以收容淮士，陳塏建天門書院以養淮士之顚沛流離者，此類例證亦不在少。

第五爲義聚制度自然之產物。累世聚居至數百口乃至千餘口，自不能不辦一書院，如奉新胡氏，在胡仲堯手中，創華林學舍，聚書萬卷，大設廚廩以延鴻儒碩學及四方志學之士，卽其著者。

第六爲存神過化之現象。謂先儒過化之地，名賢經行之所，好事之家便捐田，捐會子（宋鈔幣之名）而立書院。此類書院，如曹豳之和靖書院，吳淵請立之明道書院，趙希悰建立之泉山書院皆是也。

宋初書院雖興起，未幾卽遭諸帝提倡科擧之影響，士皆騖於名利，不能長守山林。又未幾有慶曆之興學，熙寧之興學，崇寧之興學，官學旣盛，私學遂微，故終北宋之世，書院沉寂者計一百四十五年。

到了南宋，因爲時勢的不安，官學的腐敗，理學的發達，書院遂大盛起來。開南宋書院興盛之風氣的，實以朱熹興復白鹿洞爲之首倡。朱熹在淳熙六年守南康軍，那年秋天到廬山發現了白鹿洞故址，其時距白鹿洞請賜書額已有二百年了。他感覺是名賢過化之地，昔日興學之場，任其湮沒，殊爲可惜。所以他毅然申請修復。次年三月告成，卽於是月祀先聖先賢，招舉人入書院，釋業開講，列聖賢爲學次第，以示學者。置建昌東源莊田以養士。

朱熹興復白鹿洞的精神，頗爲一般理學家所嚮往，於是二十餘年之後，海內書院大盛。詳見續通考者，計有：

寧宗開禧中，衡山之南嶽書院

寧宗嘉定中，涪州之北巖書院

理宗時，應天府之明道書院　蘇州之鶴山書院

丹陽之丹陽書院　徽州之紫陽書院

建陽之考亭書院　建陽之廬峯書院

崇安之武夷書院　金華之麗澤書院

寧波之甬東書院　衢州之柯山書院

紹興之稽山書院　黃州之河東書院

丹徒之濂溪書院　興化之涵江書院

桂州之宣城書院　全州之清湘書院

度宗時，淳安之涵江書院　衢州之清獻書院

以上均續通考所載當時請官府賜額者。此外爲續通考所未載者，尚有泰山書院，東林書院，建安書院，相江書院，龍門書院，慈湖書院，象山書院，延平書院，同人書院，白鷺洲書院，公安書院，南陽書院，龍江書院，張栻書院，明道南軒書院，宗濂書院，上蔡書院，虎邱書院，桃源書院，金鳳書院，浮沚書院，石洞書院，鍾山書院，南溪書院，東山書院，西園書院，南湖書院，傳貽書院，雲莊書院，安定書院，東湖書院，化龍書院，學道書院，玉淵書院，雲山書院，道一書院，翁洲書院，石坡書院，杜洲書院，城南書院，白社書院，石林書院，臨安書院，斛峯書院，西潤書院等。

以上是續通考所未載，若就全國各地志書考查起來，一定還有很多書院。書院雖各自獨立，不相統屬，但南宋學術，可粗分三派：一爲程朱派，一爲象山派，一爲東萊派。今將三派之書院列表如次：

第一，程朱派之書院：明造、嵩陽、鶴山、嶽麓、陽坪、河源、柳湖、蒙齋、南溪、古梅、武彝、深山、斛峯、石峯、蘆峯、建安、浮沚、東林、昭文、鄱江、息齋、拙齋、雲巖、槐堂。

第二，陸子派書院：象山、曾潭、龍江、石坡、勿齋、歸軒、碧沚、樓氏、竹州。

第三，東萊派書院：麗澤、傳貽。（費海璣宋代書院新考）

書院有官立私立兩種。官立者如白鹿嶽麓等是，私立者如泰山書院、浮沚書院等是。

石徂來「泰山書院記」：泰山先生（即孫復）於泰山之陽，起學舍講堂，聚先聖之書滿屋，與羣弟子己之。

「宋元學案」：周行己字恭叔，永嘉人。大觀中築浮沚書院以講學。

其由私立改為官立者，如戚同文講學之所，後改為應天書院是。

「宋元學案」：戚同文字同文。晉末喪亂，絕意祿仕。將軍趙直為築室聚徒，請益之人，不遠千里而至。

全謝山「答張徵士問四大書院帖子」：戚同文講學睢陽，生徒即其居為肄業之地。祥符三年賜額。晏元獻公延范希文掌教焉。

書院中有學田，其田有由請官買給者。

「白鹿洞志」：淳熙八年三月，朱熹南康任滿，疏請白鹿洞書院敕額，及高宗御書與監本九經注疏於洞，發錢四百千，送庫，寄收買田。

有由私人捐撥者。

熊勿軒「考亭書院記」：書院舊有田九十餘畝，春秋祀猶不給，侯捐田為倡。郭君適自北來，議以克協諸名賢之胄與邦之大夫。士翕然和之，合為田五百畝有奇。

「宋元學案」：郭欽止字德誼，東陽人。闢石洞書院，延名師以教子弟，撥田數百畝以贍之。

供祀之餘，則用以給師弟子之廩膳。

熊勿軒「考亭書院記」：供祀之餘，則以給師弟之廩膳，名曰義學田。

「杜洲書院記」稱有田租以資學者。

全謝山「杜洲六先生書院」曰：有田租以資學者。

白鹿洞書院當南唐時，有善田數十頃，至是起建議以其田入官。其後更逐漸添置，故洞志載田賦特多。

朱熹「申修白鹿書院狀」：南唐之世，因建書院，買田以給生徒，立師以掌教導。

「白鹿洞志」：田賦，宋淳熙七年，文公始置學田，有谷源臥龍等莊，共田八百七十五畝。淳熙十年，朱端章沒入寺田七百畝。嘉定辛巳黃杜置西源莊田三百畝。咸淳間劉傳漢置貢士莊田。

「續資治通鑑長編」：太宗興國五年六月己亥，以江州白鹿洞主明起爲蔡州褒信縣主簿。白鹿洞在廬山之陽，常聚生徒數百人。李煜僭據時，割善田數十頃，歲取其租廩給之。選太學之通經者，授以他官，俾領洞事，日爲諸生講誦。至是起建議以其田入官，故爵命之。

四方來學者，則廩給之。

「白鹿洞志」：宋皇祐五年孫冕子比部郎中琛增置學舍十餘間，以教子弟。四方來學者，廩給之。匾曰：白鹿洞之書堂。

惟廩給亦非盡取之於田租，有取之於官費者。
朱熹「措置潭洲嶽麓書院牒」：游學之士，依州學則例，日破米一升四合，錢六十文。其排備齋舍几案牀榻之屬，并帖錢糧官，於本州贍學料次錢及書院學糧內，通融支給。

是又不可一概而論也。（盛朗西中國書院制度引）

考書院制度雖與政府有關，却不受政府支配，講習比較自由，主持者泰半皆品學兼優，望重士林者，師生間日以禮義廉恥相砥礪，其中人材輩出，不僅學問切實，品格名節亦有可風，影響所及，地方風俗均受其感化，宋代書院可爲例證。

續通考虞傳奏疏：「近年州郡之學，往往多就廢壞，士子游學非圖餔啜以給朝夕，則假衣冠以誑流俗，而鄉里之好者乃過其門而不入。」可見宋代的學校雖普遍，但素質極低劣，在推廣教育上眞正佔重要地位的，却是私人的講學和私辦的書院。如北宋的胡瑗自慶曆起，教學於蘇湖共廿餘年。胡氏獨採新法教學，所分的科目分經義與治事兩齋。治事齋又分許多科目，如治民科、講武科、堰水與算歷科等。范仲淹一度主持應天書院，自已訓導學生，夜課諸生，讀書寢食，皆立時刻，並聘胡瑗掌教，爲建立優良學風。又如孫復在泰山、周敦頤、張載、程顥、程頤在河洛一帶講學，其他如程門弟子謝上蔡、楊龜山、游定夫、呂大臨、尹和靖等也終身從事教育工作。到了南宋，如朱熹重修白鹿洞書院爲專門講習之所，自任山長。陸象山一生未做大官，僅以教授終身。呂東萊約陸子與朱子晤於信州之鵝湖寺，自是有朱陸異同之論。呂東萊講學於麗澤書院前後有八九年之久，編有麗澤講義，並訂有學規。張栻講學嶽麓書院，其學嚴於義利之辨。朱熹逝世以後，其門弟子承襲其學與遺風者，有黃榦、李燔、輔廣、及陳宓等先後主講於白鹿洞書院。後輔廣主持傅貽書院，陳宓主持延平書院。至於第三代門弟子，有魏了翁講學鶴山書院，王柏生主持台州上蔡書院。由於這些大師學者的書院講學，影響當時的學術思想及社會風氣很大，故論者遂謂宋代國勢雖弱，而風俗的醇厚，氣節的高亮，於書院講學制大有關係，而宋代學術的發達，於書院制尤有關係，可謂確切之論。

三、元代的書院

元代書院，較宋尤盛。蒙太宗八年即於燕京立太極書院。「續通考」：自太宗八年，行中書省事楊惟中，從皇子庫春伐宋，收集伊洛諸書，送燕京，立宋儒周敦頤祠，建太極書院，延儒士趙復、王粹等講授其間，此元建書院之始。統一江南以後，南宋儒者多入元不仕，退而建立書院，自動講學。如安徽歙縣之友陶書院是汪維岳入元不仕，以淵明自況，立以讀書吟嘯其間的。婺源之湖山書院是胡一桂入元退而講學的。休寧汪一龍宋亡不仕，至元中起敎紫陽書院，闡朱子之學。如此者甚多，不勝枚舉。故元初書院很發達。

世祖至元二十八年更下詔，令先儒過化之地，名賢經行之所，與好事之家出錢粟贍學者，并立爲書院。於是書院更發達起來。

「元史選舉制」：世祖至元廿八年，令江南諸路學及各縣學內，設立小學，選老成之士敎之，或自願招師，或自受家學於父母者，亦從其便。其他先儒過化之地，名賢經行之所，與好事之家，出錢粟贍學者，並立爲書院。

元代這時的書院，當較南宋時候爲多。見於續通考者計有：

昌平諫議書院　河間毛公書院　景州董子書院　京兆魯齋書院　開州崇義書院

宣府景賢書院　蘇州甫里書院　蘇州文正書院　蘇州文學書院　松江石洞書院
常州龜山書院　池州齊山書院　婺源明經書院　太原冠山書院　濟南閔子書院
曲阜洙泗書院　曲阜尼山書院　東阿野齋書院　鳳翔岐陽書院　郿山橫渠書院
湖州安定書院　湖州東湖書院　慈谿慈湖書院　寧波鄮山書院　處州美化書院
台州上蔡書院　南昌宗濂書院　豐城貞文書院　餘干南溪書院　安仁錦江書院
永豐陽豐書院　武昌南湖書院　武昌龍川書院　長沙東岡書院　長沙喬岡書院
益陽慶州書院　常德沅陽書院　福州勉齋書院　同安大同書院　瓊州東坡書院

其見於元史及宋元學案而爲續通考所未著錄者，尚有：

歷山書院　子思書院　石室書院　淮海書院　石林書院　西湖書院　雙溪書院
明正書院　道一書院　和靖書院　采石書院　齋芳書院　宣公書院　玉溪書院
疊山書院　澤山書院　稼軒書院　江東書院　文靖書院　鰲溪書院　高節書院
岱山書院　包山書院　師山書院　說齋精舍　西山精舍等

此外爲續通考所未載海內較大的書院尚多，即以安徽而論，前舉有歙之友陶，婺源之湖山，另有初山書院，亦在歙縣。采石書院在當塗，紫陽書院在婺源，龍眠書院在舒州，婺源又有閬山書院，無爲有秀溪書院、興文書院。黟縣有集成書院。績溪有翬陽書院。合肥有三賢書院。宿州有文山書院等（吳景賢安徽書院沿革考）。其在江蘇、江寧有南軒書院、江東書院、昭文書院。蘇州有鶴山書院。崐山有玉峯書院。松江有西湖書院。江陰有澄江書院。崇明有三沙書院（柳詒徵江蘇書院志）。統全國各省以計之，書院的數目，當更可觀。

據說自元世祖統一中國到順帝北遁沙漠，短短八十多年中，舊有的不算，祇新立的書院就有七十七所。其中以順帝一朝爲最多，共四十三所。當國勢傾危時候，還那樣的留心文教，眞是一件出人意表的事。

在宋代，書院多係私人事業，政府不過從旁協助，但元代不然，有些地方，居然把書院作爲州縣儒院的外圍組織。書院山長，且與學正、學錄、教諭同由禮部付身。官家書院，復設直學以掌錢穀。嗣以應舉失敗之士子窮苦，乃規定下第舉人充學正、山長，備榜舉人充教諭、學錄；直學考滿者可爲州吏。如此科舉與書院雜揉，蓋已與官學無分了。

「元史選舉志」：凡師儒之命於朝廷者，曰教授，路府上中州置之。命於禮部及行省及宣慰司者，曰學正山長學錄教諭，路州縣及書院置之。路設教授學正學錄各一員，散府上中州設教授一員，下州設學正一員，縣設教諭一員，書院設山長一員。中原州縣學正山長學錄教諭並受禮部付身，各省所屬州縣學正山長學錄教諭並受行省及宣慰司箚付。凡路府州書院設直學以掌錢穀，從郡守及憲府官試補直學，考滿又試所業十篇，陞爲學錄教諭。凡正長學錄教諭，或由集賢院及臺憲等官舉充之。諭錄歷兩考陞正長，正長一考陞散府上中州教授，上中州教授又歷一考陞路教授。教授之上各省設提舉二員，正提舉從五品，副提舉從七品，提舉凡學校之事，後改直學，考滿爲州吏。

「元史本紀」：仁宗延祐二年夏四月辛丑，賜會試下第舉人，七十以上從七流官致仕，六十以上府州教授，餘並授山長學正，後勿援例。

「元史選舉志」：若夫會試下第者，自延祐創設之初，丞相帖木迭兒阿散及平章李孟等奏下第舉人，年七十以上者與以從七品流官致仕，六十以上者與教授，元有出身者，於應得資品上稍優加之，無出身者與山長學正，受省劄，後舉不爲例。今有來遲而不及應試者，未曾區用取旨。帝曰，依下第例恩之，勿著爲格。泰定元年三月，中書省臣奏下第舉人，仁宗延祐間命中書省各授教官之職，以慰其歸，今當改元之初，恩澤宜溥，蒙古色目人年三十以上，幷兩舉不第者，與教授，以下與學正山長，漢人南人年五十以上，幷兩舉不第者，與教授，以下與學正山長，先有資品出身者，更優加之，不願仕者，令備國子員，後勿爲格從之。自餘下第之士，恩例不可常得，間有試補書吏以登仕籍者，惟已廢復興之後，其法始變，下第者悉授以路府學正及書院山長，又增取鄉試備榜，亦授以郡學錄及縣教諭。

有薦舉者，亦得參用之。

「元史選舉志」：例以下第舉人充正長，備榜舉人充諭錄，有薦舉者，亦參用之。

「元史干文傳傳」：文傳少嗜學，十歲能文，未冠卽有聲譽，用舉者爲吳及金壇兩縣學教諭，饒州慈湖書院山長。

「元史曹鑑傳」：大德五年，用翰林侍讀學士郝彬薦爲鎭江淮海書院山長。

「元史周仁榮傳」：父敬孫。初金華王柏以朱熹之學，主台之上蔡書院，敬孫與同郡楊珏、陳天瑞車若水黃超然朱致中薛松年師事之，受性理之旨。敬孫嘗著易象占尚書補遺春秋類例，仁榮承其家學，又師珏天瑞治易禮春秋，而工爲文章，用薦者署美化書院山長。美化在處州萬山中，人鮮知學，仁榮舉鄉行飲酒禮，士俗爲變。

書院內執事人員，既規定了升遷等級，而學生的出路也半由官方負起責來。

「元史選舉志」：自京學及州縣學以及書院，凡生徒之肄業於是者，守令舉薦之，臺憲考覈之，或用爲教官，或取爲吏屬，往往人材輩出矣。

考宋元之世，自有國學及府縣之學，而此外又有書院者，蓋學校多近於科舉，不足以饜學者之望，師弟子不能自由講學，故必於學校之外，別闢一種講學機關。其官立者，雖有按年積分之制，而私家所設，或地方官吏自以其意延師講授者，初無此等拘束。故淡於榮利，志在講求修身治人之法者，多樂趨於書院，此實當時學校與書院之最大區別也。（見柳詒徵中國文化史中册二九八頁）

我們讀元史，可以知道對於推進各地教育眞正有貢獻的，大多是私人講學。本來程氏學說僅限於伊洛，宋室南遷，隨着散播江南，但北方燕雲十六州因淪於異族，根本不能接受宋流被於薊北。

儒敎育的薰陶。元太宗時中書省楊惟中建太極書院於北平，聘趙復講學，中原的學術思想才

「元史趙復傳」：楊惟中聞復論議，始嗜其學，乃與姚樞謀，建太極書院，立周子祠，以二程張楊游朱六君子配食，選取遺書八千餘卷，請復講授其中。復以程朱而後，其書廣博，學者未能貫通，乃原羲農堯舜所以繼天立極，孔子顏孟所以垂世立敎，周程張朱氏所以發明紹續者，作傳道圖，而以書目條例於后。別著伊洛發揮以標其宗旨，朱子門人散在四方，則以見諸登載與得諸傳聞者，共五十有三人作師友圖，以寓私淑之志。又取伊尹顏淵言行作希賢錄，使學者知所嚮慕，然後求端用力之方備矣。樞既退隱蘇門，乃卽復傳其學，由是許衡郝經劉因皆得其書而尊信之，北方知有程朱之學自復始。

卽終元之世，書院之學亦不外講求程朱之學而已。

「元史張顯傳」：金華王柏得朱熹三傳之學，嘗講道於台之上蔡書院，顯從而受業焉。自六經語孟傳註以及周程張氏之微言，朱子所嘗論定者，靡不潛心玩索，究極根抵，用功旣專，久而不懈，所學益弘深微密，南北之士鮮能及之。

其所供祀者，亦以宋道學先生爲多也。

「元史祭祀志」：宋五賢從祀，至正二十二年八月，奏准送禮部定擬五先生封爵諡號俱贈太師，楊時追封吳國公，李侗追封越國公，蔡沉追封建國公，眞德秀追封福國公，各給詞

頭，宣命遣官賚往福建行省，訪問各人子孫給付，如無子孫者，於其故所居鄉里郡縣學或書院祠堂內，安置施行。

元代對書院，由於程朱學派諸儒的倡導，似乎比前朝更進一步的重視。觀其書院之多，足知元雖以蒙古入主中國，而教育之權，仍操之吾族儒者之手，而宋儒講學之風，雖易代不衰，亦可見矣。

宋時州縣學校，皆有學田，以贍學者，然以屬於官吏，亦可爲強權所奪。

「續通考」：至元二十三年，詔江南學校舊有學田，復給之以養士。時江南行省理財方急，賣所在學田，以價輸官利用。監徹爾奉使至，見之，謂曰：學有田，所以供祭祀，育人才也，安可鬻？遽止之，還朝以聞，帝嘉納焉。至二十九年正月，詔江南州縣學田，其歲入，聽其自掌，春秋釋奠外，以廩給師生及士之無告者。貢士莊田則令覈數入官。

若書院之創自私人者，其田產當然屬於書院，不至爲政府沒收。第須規制完善，經理得人，其事反視官立學校爲可恃。故當時定令各地雖皆有學校，而士大夫仍於學校之外，增設書院，不以並行爲病，是亦書院與學校異趣者也。嗚呼，講學自由，經濟獨立，此非今日學者所渴望者乎？稽之史策，固有前規，凡今人之所虞，何莫非昔人所見及者乎？（柳詒徵中國文化史中册二九八頁）

由上所述，可見元代書院之盛。但美中不足者，至元以後，師資很是猥雜，集賢修撰虞集（大德初，曾作大都路儒學教授，後遷集賢修撰。文宗朝累遷至奎章閣侍讀學士。此段摘自其上學校議，見續通考卷五十引）曾痛論之云：

師道立則善人多。今天下教官，猥以資格注授，强加之諸生之上，而名之曰師。有司生徒，皆莫之信。如此而望師道之立可乎？爲今之計，莫若使守令自求經明行修之士，身師尊之。以求其德化之及，應乎有所觀感也。其次則操履淸正，確守經義師說爲衆所服者。又其次則取鄉貢至京師罷歸者，其議論文藝猶足以動人，非若泛泛莫知根柢者矣。

師資猥雜，蓋由於元代書院之官學化，第一是在其詔令立書院，第二是在其委任山長。同時規定下第擧人充學正、山長，備榜擧人充敎諭、學錄、直學，考滿者可爲州吏。如此做官不成則敎書，敎書滿限則做官。書院獨立的精神，旣爲破壞，師資猥雜的流弊，也就發生了。六百年來，其制未改，淸末科擧雖取消此制，然其風尙傳演未替。

四、明代的書院

宋元之際，書院極盛，至明而寖衰。蓋明代國學，網羅人才極衆，又有府州縣及社學，故雖有書院，其風不盛。明太祖洪武元年曾因元代之舊，立洙泗尼山二書院，並為聘山長。各地承宋元理學之緒，亦有創立書院的，然皆不甚發達。洪武以後，因科舉盛行，官學發達，國家新建，需才孔亟，一般士子散處於書院的，皆聚集於兩雍，於是書院沉寂了約一百年。直至成化以後，始稍稍興起，嘉靖朝而發達。此由於國學之制漸隳，科舉之弊孔熾，益以王陽明湛若水等熱心講學的影響。

王守仁字陽明，生成化八年，卒嘉靖七年，洪治十二年舉進士，時廿八歲。卅四歲與湛若水定交，以昌明聖學為事。卅七歲謫至龍場，夷人為之構龍岡書院。次年主貴陽書院。所至講學，隨收學生，故門人很盛。正德五年歸過常德辰州，門人冀元亨等已能自立。十六年在南昌，五月集門人於白鹿洞。後來這些門人，亦隨處講學，創立書院。

理學之昌，起於南宋朱熹，當時以訓詁詞章為重，人們精神生活，乃無處安頓。適印度佛學，經漢魏六朝數百年間之繙譯介紹，隋唐二百餘年的澄汰，業已普及到中國下層社會。即一種哲學思想與方法，遂為學者所利用，所以產生了宋代朱子的理學。但朱子主張格物致知，及物窮理，仍不免注意到物質事功。其所注經書，又早經政府定為人人必讀的官書，一方面是擴充普及到家喻戶曉，一方面也就爲科學文章所利用，逐漸變成一種具文。於是王陽明改變朱子的話頭，成爲一種新理學。

新理學也是極端反對記誦詞章的。認爲聖人之道，都被後人言之太詳，析之太精，詭心色取，相飾以僞，弄得不成道理，轉不若素所擯棄的楊墨釋老，尙有其自得之道。所以他主張打破於外的學術，以內求之於心。就是要廢去對訓詁記誦詞章之追求，而追求內在的心性。聖人之學就是心學，心就是理。心性自足，不假外求。於「格物致知」之意，訓作「致吾心之天理於事事物物」。認知識之「知」，是輕浮而不實的，必須以力行爲工夫。「良知」則感應神速，無有等待。「本心之明」卽是知，不欺本心之明卽是行，故主張「知行合一」。

湛若水字甘泉，生成化二年，卒嘉靖卅九年。平生更喜收門徒，立書院。史稱其「平生足跡所至，必建書院以祭白沙，從遊者殆遍天下」。陳白沙是湛甘泉的先生。甘泉年紀又極高，活了九十五歲，所以在他手裏建立的書院就很多。

甘泉之學，與陽明異趣。陽明主張致良知，甘泉主張「隨處體認天理」。陽明說「格物」就是正自己的念頭，甘泉以爲，如果不加以「學問思辨行」的工夫，則念頭之正否，無可依據，所以陽明謂甘泉爲求之於外。甘泉作心性圖說，外有大圈，謂心包天地萬物之外，裏有小圈，謂心是同時貫夫天地萬物之中的。內外是一事，天地無內外，心亦無內外，以與王氏頡抗。

自陽明以良知之學，聚徒於軍旅之中，於是東南景附，書院頓盛。「明史東林諸儒傳贊」：正嘉之際，王守仁聚徒於軍旅之中，徐階講學於端揆之日，流風所被，傾動朝野，於是搢紳之士，遺佚之老，聯講會，立書院，相望於遠近。

陽明講學之所，若龍岡書院。

「王文成年譜」：正德之年在龍場。夷人日來親狎，以所居湫溼，乃伐木搆龍岡以居之。

若貴陽書院。

「王文成年譜」：正德四年在貴陽。提學副使席書聘主貴陽書院。

若濂溪書院。

「王文成年譜」：正德十三年在贛。九月修濂溪書院，四方學者輻輳，始寓射圃，至不能容，乃修濂溪書院居之。

若稽山書院。

「王文成年譜」：嘉靖三年在越。闢稽山書院，聚八邑彥士，身率講習以督之。於是蕭璆楊汝榮楊紹芳等來自湖廣，楊仕鳴薛宗鎧黃夢星等來自廣東，王艮孟源周衡等來自直隸，何秦黃弘綱等來自南贛，劉邦彩劉文敏等來自安福，魏良政魏良器等來自新建，曾忭來自泰和。宮刹卑隘，至不能容，蓋環坐而聽者三百餘人。

若敷文書院。

「王文成年譜」：嘉靖七年，巡撫兩廣，興南寧學校，委原任監察御史降揭陽縣主簿季本主教敷文書院。

既皆隨處經營，隱然以復古爲己任。而同時湛若水亦築西樵講舍，建白沙書院與陽明相應和。

「明史湛若水傳」：從陳獻章遊，不樂仕進，母命之出，乃入南京國子監，授翰林編修。時王守仁在吏部講學，若水與相應和。尋丁母憂，廬墓三年，築西樵講舍，士子來學者，先令習禮，然後聽講。

（同上）若水生平所至，必建書院以祀獻章。

陽明逝世後，其門弟子散居各處，建立書院達十七處之多（皆詳見王文成公年譜），以紀念其師，並傳揚其學說。這些門生最著名的，有錢德洪（緒山）、王畿（龍谿），及王艮（心齋）等。

專制時代，本不容學術言論的自由，何況講學的人，率皆有號召羣衆的力量，而他們的主張，又是反現實，反科擧的，所以當極盛之後，就遭了政府中人的嫉視。於是明末書院有四次的毀廢。第一次就是嘉靖十六年因御史游居敬之請；第二次是嘉靖十七年因吏部尙書許讚之請；第三次是萬歷七年張居正之命；第四次便是天啓年間魏忠賢之裁制東林黨。玆將四次毀滅經過，略述於下：

第一次毀滅在嘉靖十六年，因御史游居敬請。游氏疏斥當時書院云：「南京吏部尙書湛若水，倡其邪學，廣收無賴，私創書院，乞戒諭以正人心。」明世宗慰留若水，而令有司毀其書院（見續通考）。但當時其他書院，並未被毀。

第二次毀廢在嘉靖十七年，吏部尙書許讚言撫按司府多建書院，聚生徒，供億科擾，亟宜撤毀，詔從其言（見續通考）。這次所毀者，大概爲官辦的書院，但同時依然有設立者，如混元、雲興等書院，皆建於嘉靖十七年以後。

第三次毀滅在神宗萬曆三年，張居正當權，痛恨講學分派，稍加裁抑。他反對書院的理由是：「別標門戶，聚黨空談。」此僅就書院之設立言。迨萬曆七年，因常州知府施觀民科歛民財，以私創書院，遂將其坐罪褫職，同時盡改各省書院爲公廨（見明紀綱目及野獲編卷廿四），然未能盡革。及至居正事敗之後，書院又復興起。

第四次毀廢是魏忠賢秉政的時候。士大夫於書院講學之外兼論國事，所謂「諷議朝政，裁量公卿」，顧憲成的東林書院，鄒元標的首善書院，尤爲有名。熹宗天啓年間，魏閹遂矯旨盡毀國內書院（見明儒學案）。魏閹敗後，公論始明，書院有詔修復，於是儒者復立書院講學，劉宗周的證人書院，其最著者。然以閹黨餘孽未盡，水火交爭，彼此報復，糾紛不定，直至明亡而後已。

書院經數次之摧毀，故其制由盛而衰。至摧毀之原因，前三次是與學術有關，後一次是政治關係。緣明代中葉王守仁湛若水崛起江南，王主「致良知」，是爲陽明學派，湛主「隨處體驗天理」，是爲甘泉學派。這兩派都和當時官方所承認的程朱學派不對路，就中尤以王氏之學遠超陸九淵，更同朱學水火。但程朱之說已暢興二百多年，好些精蘊都發揮盡致，不能再有新的講解。一般學者因爲吃膩了味道，於是相率走入王湛陣營，而這新起的理學遂大爲興盛。自然，他們會利用到書院上來。那時一羣大老官兒，都是由程朱牙縫爬出來的，怎能對這派「妖孽」「僞學」之徒熟視無睹，因而在嘉靖十六年首次毀了各處王湛兩派講學的書院，繼在萬曆七年，宰相張居正請禁僞學，又毀了六十四處書院，這次毀廢，比較前兩次，嚴厲多了。第四次毀書院是在天啓五年魏忠賢亂政的時候。這次和壓迫王湛學術無關，惟一緣故是由於政治上士大夫和宦官的鬥爭。經過是這樣：萬曆卅二年，顧憲成罷官南歸，就無錫東林書院加以修葺，和高攀龍等人講學其中。天啓初年，鄒元標和馮從吾又在北京宣武門內建立首善書院，用爲都人講學之所。參與這兩個書院的多是些蹇謂一流人物，談性理之外，免不掉批評朝政，這當然要招惱了朝中一羣小人，尤其號稱九千歲的大老公魏忠賢，更不高興，於是便用「黨」的名義，把這兩個書院有關人士，殺的殺，貶的貶，而旁的書院也遭了池魚之殃，拆毀價賣。這就是歷史上有名的東林黨案。

考書院之見於明史者：有明道書院，金川書院，西湖書院，紫雲書院，正學書院，宣成書院，五經書院，白鹿洞書院，東林書院，淦陽書院，首善書院，證人書院，志學書院，岳麓書院，新泉書院，三衢書院，解梁書院，養中書院，白沙書院，復初書院，龍津書院，願學書院，見泰書院，洙泗書院，尼山書院，釣臺書院，武夷書院，安定書院，黃岡書院，陽春書院，石鼓書院，崇正書院，龍溪書院，百泉書院，天中書院，定惠書院，濂溪書院，關中書院，紫陽書院，東山精舍，西樵講舍，鼇峯書院，復渠書屋，芝泉講會等。

書院之見於明儒學案而爲明史所未載者，尚有桐源書院，弘道書院，商山書院，天眞書院，懷玉書院，蒼梧書院，明經書院，仁文書院，養正書院，文明書院，稽山書院，青原書院，文學書院，五峯書院，嵯峨書院，陽明講堂等。

以上書院中，除間有修復宋元之舊書院外，類皆新創之書院，往往建自官司，或親自講授以敎士。

「明儒學案」：段堅字可久，號容思，蘭州人也。出知福山縣，以弦誦變其風俗，謂天下無不可化之人，無不可變之俗，六載而治行蔚然可觀，李文達薦之，擢知萊州府，以憂去補南陽府，建志學書院與人士講濂洛之書，其童蒙則授以小學禮記烈女，迸巫尼，凡風敎之事，無不盡心，八年而後歸。

或以處士大夫而講學者。

「明儒學案」：張後覺字志仁，號弘山，山東茌平人。早歲受業於顏中溪徐波石，深思力踐，洞朗無礙，猶以取友未廣，南結會於香山，西結會於丁塊，北結會於大雲，東結會於王遇，齊魯間遂多學者。近溪穎泉官東郡，爲先生兩建書院，曰願書，曰見太，先生聞水西講席之盛，就而證其所學。

至於林下諸君子，相與切磋講學，各立塾舍名書院者，亦不在少數也。

「野獲編」卷二十四，書院：至於林下諸君子，相與切磋講學，各立塾舍，名書院者，又不在此例也。

陽明歿後，緒山龍溪相繼講學，名區奧地，皆有講舍，可謂極一時之盛矣。

「明儒學案」：陽明歿後，緒山龍溪所在講學，於是涇縣有水西會，甯國有同善會，江陰有君山會，貴池有光岳會，太平有九龍會，廣德有復初會，江北有南譙精舍，新安有程氏世廟會，泰州復有心齋講堂，幾乎比戶可封矣。

（同上）錢德洪字洪甫，號緒山，浙之餘姚人。文成征思田，先生與龍溪居守越中書院。七年，奔文成之喪，至於貴溪，問喪服。邵竹峯曰，昔者孔子歿，子貢若喪父而無服禮也，先生曰，吾夫子歿於道路，無主喪者，弟子不可以無服，然某也有父母在，麻衣布絰，弗敢有加焉，築室於場，以終心制。在野卅年，無日不講學，江浙宣歙楚廣，名區奧地，皆有講舍。

（同上）王畿字汝中，別號龍溪，浙之山陰人。先生林下，四十餘年，無日不講學，自

兩都及吳楚閩越江浙，皆有講舍，莫不以先生為宗盟，年八十，猶周流不倦。（盛朗西中國書院制度引）

五、清代的書院

書院始於唐，盛於宋元，衰於明，復盛於清；如府廳州縣，無不有書院之設，省會或多至三四所。清之季世著名之書院，浙則有詁經精舍；粵則有學海堂及廣雅書院；直則有天津之學海堂，保定之蓮池書院；蘇則有江寧之鍾山書院，江陰之南菁書院；蜀則有尊經書院；湘則有船山書院；閩則有致用書院；皆專課古學，人才蔚起。其爲表彰學人學派而設者，則東林之於楊時，關中之於張載，蒿菴之於張爾歧，船山之於王夫之；如此類者，不可勝數。又如鄂之經心，浙之求是，滬之龍門，課及新學，則又隨時勢所需，不盡依舊制也。

掌書院者，初沿稱山長，乾隆時改稱院長。院長之有聲望者，當道鉅公爭延致之以爲重。王壬翁掌尊經，總督丁文誠以師禮事之，朔望必具花衣詣書院肅拜，尊爲夫子曰：「我爲諸生敬師也」，尤爲世所豔稱。其他俞曲園之於詁經，陳東塾之於菊坡，李越縵之於北學海，王壬翁後來移主船山，皆備受督撫敬禮，先後居講席一二十年；繆藝風之於鍾山，吳摯甫之於蓮池，謝枚如之於致用，又其稍亞者也。大約掌書院者，其學必爲世所尊信；次則以齒以爵，如李嘉端之於北學海，李聯琇之於鍾山，吳大澂之於龍門是也。府縣小院，亦必有科甲者，始得主之。李越縵初以捐納戶部郎中掌戢山，終受齮齕而去；江瀚以監生爲黎蒓齋聘掌川東書院，大受諸生攻訐；則書院等於祠祿，竟爲腥穢之所必爭矣。修脯多者，歲致千餘金；

至下者歲亦二百金，南士率優於北地，邊隅或不甚具禮；其款多出於公款盈餘，或酌提捐款生息，間有捐置田畝，以爲修脯及諸生膏火之資，不虞匱竭。地方官亦以求師培材爲美舉，雖未必盡能名符其實，而多可備員，合全國計之，有書院二千餘所，可謂盛矣。

著名書院之施教，多分內外院。內院有膏火，由提學考校等第之高者，送院肄業，名之曰高材生，亦有舉人留院者；外院則與內院生同應月課而已。高材生分習經史，隨時向院長請業，呈箚記問難，或專一經，或專一史，遍輯舊說，求其貫通，期以二年或三年；院長爲之指示，亦有升講堂開講者。院長之下，間設分教。廣雅無掌院，分經、史、理學、詞章四門，各有學長。南菁分請黃以舟主經，繆荃孫主史學詞章，復有算學。其月課則由院、司、道、府，月籌獎金，分期課士，月或一試，或再試，試居前茅者，月可得獎十餘金，以贍家口，在其時爲甚優裕矣。校閱之事，院長或學長主之。其文偏重考據，詩文多擬古之作，或亦論及時事；文之佳者，先貼堂，後則彙爲課藝，如詁經精舍三集，學海堂三集，爲最著名。

凡課期，諸生黎明登堂，向院長揖坐，封門發題。如官課委員監場，監院教官於課日清晨請題封發，試卷卽日收齊，次早由該委員親自呈送。越華書院官課，先期十日由監院官具稟主課衙門，俟奉批後，先期一日，仍差人稟知聽候揀委正途出身之員監課。委員出堂，東西對坐，委員西面坐點名，監院官東面坐散卷。點名畢退至憇處，公拆題紙發院書謄寫題牌。封門扃試，至酉刻收卷過半，始行開放。端溪書院舊例，課日登堂扃試，不准繼燭，後以生徒多在外授讀，因許攜歸，次早繳卷。此風一開，相沿成習，其後光緒年間，雖復議扃試，亦無效果。課考試題，不離制藝，但因時制宜，各院亦略有出入。蓋清代課士，以四書文（制藝）爲主，所謂代聖賢立言，以清、眞、雅正爲宗，故書院考課，亦不離此內容。雖然添增對策、疏、論、詞、賦等，究不及四書文之重要。（見劉伯驥廣東書院制度）

書院舍講學而尚考課，論者謂其風起於明，而獨盛於清，然清代書院亦有以講學爲主旨者。惟宋元明書院之講學，多爲性理之學，清代書院之講學，多重漢學，此其不同也。

按清代書院方式，可分爲三類：一爲講求理學之書院，一爲考試時文之書院，一爲博習經史詞章之書院。清初各地方之書院，如二曲之於關中，習齋之於漳南，張蔡之於鼇峯，沈史之於姚江，皆明代講學之書院也。雍正中，直省皆建書院，以屏去浮囂杜絕流弊爲宗旨，故主之者不復講學，第以考試帖括頌布膏火而已。袁枚書院議，謂上之人，挾區區稟假，以震動黜陟之，謂能教士，實中當時之弊。然如鄂爾泰敎滇士以讀書，亦未始無勸學之用。其後如阮元之創詁經精舍，及學海堂，黃體芳之建南菁書院，以及俞樾劉熙載朱一新等之掌敎各書院（俞主講蘇州紫陽，上海求志，德清清溪，歸安龍湖等書院。劉主講龍門書院。朱爲肇慶端溪書院山長，又主廣雅書院），皆以博習經史詞章爲主，與專試時文之書院固不同，亦與講求理學之書院異趣焉。

考書院與官學最大不同之點，卽在其教學目標之爲「教育的而非科舉預備的」。自宋末以迄清初，六七百年來，書院教學目標，大抵皆以朱熹白鹿洞學規爲標準，其講義理，修身力行之意，顯然若揭。迨雍乾之際，始有提倡古文之書院，然其精神尙容納理學。乾嘉之際，始有提倡樸學之書院，教材以經史爲主。雖書院有如此之變遷，而一般祇徒具形式不能代表時代之書院，雖在乾嘉之際，亦仍以理學爲宗旨，故白鹿洞學規，一直成爲書院之矜式。

清代一般書院之以理學爲重，原係承明代之餘緒。康熙五十三年，江蘇巡撫張伯行建紫陽書院於蘇州，雍正三年鄂爾泰重修之，間以政暇，聚於春風亭，親與諸士倡和，士風一時振起，刻有南邦耆獻集二種，一制藝，一古文詩賦。柳翼謀云：「書院之由講求心性，變爲稽古考文，殆以是爲津渡」（江蘇書院志初稿，國學圖書館第四年刊）。然於制藝，亦未偏廢。其後姚姬傳主講南京鍾山書院，以古文義法教門弟子。其有意提倡經古學，實以阮元創建浙江詁經精舍爲嚆矢。嘉慶初年，阮元督學浙江時，聚諸生於西湖孤山之麓，成經籍訓詁百有八卷；及撫浙，遂以昔日修書之屋五十間，選知務實學者讀書其中，題曰「詁經精舍」。阮元與孫淵如王述菴迭爲主講，講議服物典章，辨難同異。以十三經三史疑義相搜討，旁及小學天文地理算法詞章，奉許叔重鄭康成木主於舍中而祀之。於是書院重理學之風氣，一變而爲重漢學。道光初，阮元巡撫廣東，更極力提倡經古，設經古課以課士，建學海堂於廣州城北之粤秀山，刊刻皇清經解一千四百卷，於是風氣更盛，海內爭以倡導經史漢學爲尙。

道光十八年，江蘇總督陶澍立惜陰書舍於南京，課士經史詩賦，不及制藝。同治四年丁日昌建龍門書院於上海，延顧廣譽爲主講，同治十二年沈仲復復於上海設詁經精舍，延俞樾爲主講。光緒十年黃體芳建南菁書院於江陰，彙刻皇清經解續編、南菁叢書等。其後蘇州有學古堂，廣東有廣雅書院，此外則風氣所被，湖南有校經堂，湖北四川陝西各省，亦皆建有專攻經史之書院。

自辛丑南京條約以後，外患迭乘，內憂時起，國步艱危，與日俱增，諳習時務之新興人才之需要甚爲迫切，羣思效法西洋，以夷制夷。淸之季世，屢頒明令，勅所在設立西學書院。首開此風者，爲上海之格致書院，爲無錫徐壽，英人傅蘭雅邀集中西紳商捐資創建，光緒元年落成。延王韜爲監院，設有博物院鐵室一所，延聘西士教習化學礦物，按期延請中西名人學士講演格致學理。復由南北大臣及各關道分期命題有關格致之題課試給奬。此雖存書院制度，實已近於學校矣。

科擧時代，讀書之目的在於獵取功名，書院之設立，是爲糾正此一缺點，將「義理之學，修養之道」作爲教育之中心。故自宋元明以迄清代，爲時經數百年之久，關於書院之內容規則，雖不無變更添補之處，然其目的之在於講述學術以正人心，補國家學校之闕失，則始終一貫。亦卽我國眞正之書院敎育，原係人格敎育，至其倡導學術自由研究之風氣，及知識之傳授，均餘事耳。

考書院有三大事業：一藏書，二供祀，三講學。講學之法，或官吏延師，或主者自敎，或代以高第弟子，或別請大儒爲臨時之講演，皆無一定規則。綜觀諸儒之敎，或以明心爲言，或訓以切己務實，或設爲疑問，以觀其所嚮，或訂爲敎條學則，相與講明遵守，讀書寢食，皆立有時刻，且人人能確指修養方法，以示學者，如張南軒之辨義利，朱晦菴之格物致知，陸象山之先立乎大，要皆致力於躬行實踐，不尙空談。爲師者能忠信篤敬，毫髮無僞，訓警懇至，語自肺腑流出，宜其爲羣士所信嚮，此種優良之學風，垂之清代而勿替。又院長攜家住院，師生較爲親切，敎學之外，兼及作人，所謂身敎重於言敎，則其明效大驗。抗戰前數年，頗有人憶及書院制度之優，先後有萃升書院、學海書院之設，以爲頗類於英國導師制度；而不知英國導師制度，正由吾國書院蛻化而成也。

清代書院最盛，較之前代，有過之而無不及。人主固極提倡，或頒匾額，或頒書籍，賢令所至，亦皆以興敎爲先。如張清恪公居官，以敎化爲己任，所至必立學延師，在閩建鼇峯書院，在吳建紫陽書院，建清源書院於臨清，建夏鎭書院於夏鎭，濟陽舊有書院，歲久傾圮，煥然新之。且不特興敎已也，更復親詣書院，躬爲講解。施愚山遷湖西道參議，暇日講學於景賢鷺洲兩書院，偶會期，有具牒請質者，先生曰，此講習地，聽訟有官署，令就坐，講長幼之序，極陳兄弟之恩，忽末坐二客相持大慟，各出袖中牒燔之。居亡何，以裁缺歸，士民醵金建龍岡書院，留先生講學三日乃去，父老遮道不可輿步而登舟。其感人之深爲何如也。而李禮山、王世勳、楊以增、張鎭南諸公，於猺苗雜處之地，捯建書院，暇親與講說，尤爲難能。除講說外，更有躬自聽講者，如冉蟫庵潛心理學，殫精著述，耿逸庵特延主嵩陽書院，遇開講之期，弟子環侍，耿公亦側坐斂容以聽，講畢，設酒饌於疊石溪川上亭，酒行數，起游岩硐，薄暮而歸。駱挺生遷常州知府，捯延陵書院，迎李先生（二曲）於盩厔，講學其中，率諸僚屬及薦紳學士北向聽講，問爲治之要。其禮賢下士，尊師重道，以身爲之倡，誠不可及也。（據盛朗西中國書院制度引）

最後，應一述清代書院之廢改。自咸同以來，中國疊經外患，當事者始漸知西人之長技，思所以效法以自強，及甲午敗於日本，國人大譁，志士憤起，痛論變法之不可緩。其中莫不仰體朝廷儲才備用之意，以增設學堂整頓書院爲急務。如光緒廿二年山西巡撫胡聘之奏請變通書院章程，併課天算格致等學：「查近日書院之弊，或空談講學，或溺志詞章，既皆無裨實用。其下者專摹帖括，注意膏獎，志氣卑陋，安望有所成就。宜將原設之額，大加裁汰，每月詩文等課，酌量併減，然後綜核經費，更定章程，延碩學通儒爲之教授，研究經義以窮其理，博通史事以觀其變，由是參考時務，兼習算學，凡天文輿地農務兵事，與夫一切有用之學，統歸格致之中，分門探討，務臻其奧。此外水師武備船砲器械及工技製造等類，儘可另立學堂，交資互益。以儒學書院會衆理以挈綱維，而以各項學堂操衆事以效其職業，必貫通有所宰屬，然後本末不嫌其倒置，體用不至於乖違。」由此奏請，於是各省或另立書院，講求實學，或就原有書院，更變章程。此時可謂爲主張變通書院制度階段，然未聞有主張盡廢天下書院以興學堂之說也。

光緒廿四年四月，上諭變法，關於教育方面：「以聖賢義理之學，植其根本，又須博採西學之切於時務者，實力講求，以救空疏迂謬之弊。」同時張之洞勸學篇，其論設學，曰：「先以書院改爲之。學堂所習，皆在詔書科目之內，是書院卽學堂安用駢支爲？」於是五月廿二日下詔：「總計各直省省會及府廳縣無不各有書院，着各該督撫飭地方官各將所屬書院坐落處所，經費數目，限兩個月詳查具奏，卽將各省府廳州縣現有之大小書院，一律改爲兼習中學西學之學校。至於學校等級，自應以省會之大書院，改爲高等學，郡城之書院改爲中等學，州縣之書院爲小學。皆頒給京師大學堂章程，令其仿照辦理。」旨下，兩江總督劉坤一卽首先奏陳爲遵旨設立江南省府縣各級學堂。此時可謂爲廢改書院制度之初步階段。

書院改制，旋因戊戌政變，一度爲西太后及舊黨所阻，不久咸復其舊。光緒廿四年九月廿日皇太后諭旨云：「書院之設，原以講求實學，並非專尙訓詁詞章。凡天文輿地兵法算學等經世之務，皆儒生分內之事。學堂之學，亦不外乎此。是書院之與學堂，名異實同，本不必另有更改。現在時事艱難，尤應核實講求，不得謂一切有用之學，非書院所當有事也。」觀此諭旨，可知此時廢改書院制度尙在掙扎階段。

迨庚子之禍起，舉國蕩然，守舊者奪氣不敢反對新政，於是書院改制之舊事重提。光緒廿七年八月初二日，上諭着各省所有書院，於省城均改設大學堂，各府及直隸州均改設中學堂，各州縣均改設小學堂，并多設蒙養學堂。諭下，蘇浙皖湘粵諸省督撫學政，先後奏陳改設學堂。此時卽爲廢書院之最後階段。因此，淵源於唐末五代歷宋元明清四朝九百多年之中國書院制度，遂瓦解冰消而成爲教育史上之陳跡矣。

六、宋初的四大書院

書院始於唐代集賢書院，本爲修書之所，後世所稱學校式書院，實始於五代之南唐。南唐昇元間於廬山白鹿洞建立學舘，設置田畝，以集諸生，是爲正式書院之始。

宋代書院制度，是起源於五代時期，五代時天下大亂，絃歌幾至中斷，趙宋建國，日就承平，自南唐以來，自由研究學術的書院制度，也在此時完全告成。宋代書院很多，規模大小差別很大，有些默默無聞，而爲人所共知的則爲四大書院。

關於四大書院之建置，前曾述及，茲再依羣書所載，補充於次。

白鹿洞書院　白鹿洞在江西南康府北十五里廬山五老峯下，唐貞元中（七八〇—八〇四），李渤與兄涉隱於此。南唐昇元中（九三〇左右）建學置田號「廬山國學」，宋初始置書院，後廢。朱子知南康軍重建之，復講學其地。明、清兩代皆建書院以課士。

「玉海」：白鹿洞，南唐昇元中，因洞建學舘。置田以給諸生，學者大集。以李善道爲洞主，掌教授，當時謂之白鹿洞國庠。

陳舜俞「廬山記」：白鹿洞，……南唐昇元中，因洞建學舘。置田以給諸生，學者大集。乃以國子監九經李善道爲洞主，掌其教。

「白鹿洞志」：白鹿洞者，唐李渤讀書處也。初貞元中，渤與其兄涉俱隱廬山，而渤養一白鹿甚馴，行常以之自隨，人因稱爲白鹿先生，而謂其所居曰白鹿洞。寶歷中，渤爲江州刺史，卽所隱地創臺榭，以張其事，而鹿洞遂盛聞於人矣。其後唐末兵亂，郡學廢壞，高雅之士，往往讀書講藝其中。南唐昇元中，始建爲學，置田聚徒，以國子監九經李善道爲洞主，名曰廬山國學，四方之士受業而歸，出爲世用，名績彰顯者甚衆。

「白鹿洞書院志」：宋初置書院，與睢陽石鼓嶽麓三書院，並名天下，學徒常數十百人。

呂祖謙「鹿洞書院記」：竊嘗聞之諸公長者，國初斯民，新脫五季鋒鏑之阨，學者尙寡，海內向平，文風日起，儒生往往依山林，卽閒曠以講授，大率多至數十百人。嵩陽嶽麓睢陽及是洞爲尤著，天下所謂四書院者也。

嶽麓書院 院在潭州嶽麓山抱黃洞下，宋太祖開寶九年（九七六），朱洞爲潭州守時所創立。當時有講堂五間，齋序五十二間。眞宗咸平二年（九九九），李允則爲潭州守，規模益加擴充，有學生六十餘人，且請政府頒賜經典。迨南宋孝宗時，朱子爲潭州守，倣白鹿洞書院設立教規，內容更爲充實，學生聞風而來受教的至座不能容，所謂「瀟湘爲洙泗，荊蠻爲鄒魯」了。

「玉海」：嶽麓書院，開寶九年，潭州守朱洞，始於嶽麓山抱黃洞下，以待四方學者。作講堂五間，齋序五十二間。咸平二年，潭守李允則益崇大其規模，中開講堂，揭以書樓，塑先師十哲之像，畫七十二賢，請下國子監賜諸經釋文義疏史記玉篇唐韻，從之。祥符五年，山長周式請於太守劉師道廣其居（山長之名始此）。八年，拜式爲國子主簿，仍增給中祕書。於是書院之稱聞天下。

「南嶽志」：嶽麓書院居嶽麓峯之下，剏自宋開寶中郡守朱洞，祥符八年始賜名。至乾道間重修，張南軒爲之記。南軒嘗爲朱子講學其中，時學者多至千人，齋舍至百間，田至五十頃，書院之盛爲天下甲。

張栻「嶽麓書院記」：湘西故有藏室，背陵而向壑，木茂而泉潔，爲士子肄業之地。始開寶中郡守朱洞，首度基創宇，以待四方之學者。歷四十有一載，居益加葺，生益加多。李允則來爲州，請於朝，乞以書藏。方是時山長周式，以行誼著。祥符八年，召見便殿，拜國子學主簿，使歸教授，詔以嶽麓書院名，增賜中祕書，於是書院之稱始聞天下，鼓笥登堂者，相繼不絕。

「大清一統志」：嶽麓書院，在善化縣西嶽麓之下。宋開寶中潭州使朱洞建，實彭城劉鼇創之。祥符中，詔以國子監經籍賜嶽麓書院，幷賜額。乾道初，湖廣安撫劉珙重建，張栻爲之記。

應天府書院　爲宋名儒戚同文舊居，在商邱。商邱古名南京，爲當時應天府治，所以取名。首創人爲曹誠，曹於宋眞宗祥符二年（一〇〇八），就戚氏舊居修築而成的。當時築有院舍一百五十間，藏書數千卷，生徒一百餘名。曹設院成功以後，捐給地方政府，於是政府以同文的嫡孫舜賓爲主教，而以曹誠爲助教。

「通考」：院在河南商邱縣城西北隅。宋眞宗大中祥符三年（玉海作二年），應天府民曹誠卽戚同文舊居建屋百五大間，聚書數千卷，博延生徒，講習甚盛。府奏其事，詔賜額曰：「應天府書院」。命奉禮郎舜賓主之，仍命本府幕職官提舉，以曹誠爲助教。

宋史「戚同文傳」：戚同文字同文，宋之商邱人。時晉末喪亂，絕意祿仕，且思見混一，遂以同文爲名字。楊慤嘗勉之仕。同文曰，長者不仕，同文亦不仕。慤依將軍趙直家，遇疾不起，以家事托同文，卽爲葬三世數喪，直復厚加禮待，爲築室授徒，請益之人不遠千里而至。登第者五六十人，宗度、許驤、陳象輿、高象先、郭成範、王礪、滕涉皆踐台閣。

范仲淹「南京書院題名記」：皇宗功揭日月，澤注河漢，金革塵積，弦誦風布。睢陽先生同文賁于丘園，教育爲樂。祥符中，曹氏請以金三百萬建學於先生之廬，以舜賓幹其裕，王讀掌其教，張吉甫領其綱，密學論畫一而上，眞宗嘉嘆，面可其奏。

除白鹿洞外，睢陽、嵩陽建置亦甚早。睢陽書院卽應天府書院，原爲睢陽戚同文先生講學之所。時晉末衰亂，睢陽先生絕意祿仕，將軍趙直爲築室聚徒，請益之人不遠千里而至。宋祥符間，府民曹誠卽同文舊居旁，造舍百餘區，聚書數千卷，延生徒講習甚盛，詔賜額爲應天府書院。（盛朗西中國書院制度）

嵩陽書院　在河南登封縣太室山下，五代周時（九五〇—九六〇）建。宋至道三年（九九七）賜名太室書院，頒書賜額。景祐二年（一〇三五）更名嵩陽書院。與睢陽（應天府書院）、白鹿、嶽麓，號四大書院。明末圮，清時重修。

「續通考」：嵩陽書院在河南登封縣太室山下，五代周時建。

「宋會要」：太室山南，登封縣北，五代周時建，宋至道二年賜名太室書院。景祐二年九月西京留守重修之。王曾奏置院長，給田一頃以供爨，生徒至數百人，稱最盛二程子曾講學於此。

「登封縣志」：嵩陽書院在太室南。舊志即太室書院，五代周時建。宋至道三年，賜名太室書院，藏九經其中，是年河南守臣上言，甘露降書院講堂。宋景祐二年，勅西京重修，更名嵩陽書院。王曾奏置院長，給田一頃供爨。

「玉海」：嵩陽書院，至道二年七月甲辰，賜院額及印本九經書疏。祥符三年，賜太室書院九經。景祐二年，西京重修太室書院，詔以嵩陽書院爲額。

「續通考」：按馬端臨所載四書院曰白鹿洞，曰石鼓，曰應天，曰嶽麓而無嵩陽。且言嵩陽後來無聞，獨四書院之名著。

此外則衡州石鼓書院建置亦甚久。故言宋初四大書院者，或舉石鼓，而不及嵩陽，蓋嵩陽後來無聞，而石鼓則南宋時尙存也。

石鼓書院　院在湖南衡陽縣北二里石鼓山，舊爲尋眞觀，唐刺史齊映建合江亭於山之右。元和中（八一〇左右），州人李寬結廬讀書其上，刺史呂溫嘗訪之。宋至道中（九九五—九九七），郡人李士眞援寬故事，請於郡守，即故址創書院以居學者。宋初曾賜院額，南宋孝宗時更加擴充，遂與睢陽白鹿嶽麓稱四大書院。

「玉海」：衡州石鼓山有書院，起唐元和中，州人李寬所爲，國初嘗賜敕額。

「文獻通考」：石鼓書院，唐元和間，衡州李寬所建，國初賜額。

「衡州府志」：石鼓書院，在石鼓山，舊爲尋眞觀。唐刺史齊映建合江亭於山之右麓。元和間，士人李寬結廬讀書其上，刺史呂溫嘗訪之，有題尋眞觀李秀才書院詩。……宋至道三年，郡人李士眞援寬故事，請於郡守卽故址創書院居衡之學者。景祐二年，集賢校理劉沆來守衡，請於朝，賜額曰石鼓書院。……淳熙中部使者潘時提刑宋若水先後修葺，而連帥材栗等咸捐金助之，朱子有記。

「南嶽記」：石鼓書院，石鼓山在迴雁峯下，據蒸湘之會，唐刺史齊映建合江亭於其陰。元和間，士人李寬始構屋山頂，讀書其中。宋至道間，郡人李士眞復就遺址重建。景祐間，集賢校理劉沆以書院上請，始賜額幷學田，與睢陽嶽麓白鹿稱四大書院。

朱熹「重修石鼓書院記」：石鼓據蒸湘之會，江流環帶，最爲一羣佳處。故有書院，起唐元和間，州人李寬之所爲。至國初嘗賜勅額，其後乃復稍徙而東，以爲州學，則書院之跡於此遂廢而不復修矣。淳熙十二年，部使者潘侯時德夫始因舊址列屋數間，榜以故額，將以俟四方之士，有志於學而不屑於課試之業者居之，未竟而去。今使者成都宋君若水子淵又因其故益廣之。

以上所述之書院，如考其淵源則皆在唐末五代之際。如石鼓是唐末李寬結廬讀書之所，白鹿洞是李渤隱居之處，應天府書院是五代戚同文舊居，嶽麓書院爲彭城劉鼇𨶡。嵩陽書院建於五代周時。當時均尚不以書院爲名，不過爲名賢讀書、隱居或居家教授之地。到了宋初，才以書院爲名的。

或問，宋代書院甚多，爲什麼別的書院大不起來，偏偏白鹿等幾個書院得了大的稱號呢？大（規模大），固是原因之一，老（建置早），也不能說沒有關係，而名學者之曾經駐足，又是促成其著名的緣故之一。譬如江西南康的白鹿書院，正式立於南唐昇元間，那時稱「廬山國學」，宋代改爲白鹿洞書院，白鹿書院是簡稱。它屢次受到政府補助，生徒常有好幾百人。朱熹知南康軍，又加以擴充整頓。且不斷請人講演（陸九淵講過一次義利之辨），於是名氣便大了。又如湖南長沙的嶽麓書院，創於宋初，後來也不斷的受政府津貼。南宋張栻常經理其事，朱熹初既曾來此講學，繼在知長沙府的時候，又極力提倡，因而「四方影從幾千人」，這自然會使其聲聞遠播了。再如衡陽的石鼓書院，立於唐憲宗元和年間，宋太宗至道以後，由於郡人和守令的維持，一直保有很高的水準。南宋黃幹（朱熹的學生）官於湖南又特出公帑買學田三百五十畝以贍養生徒，所以終有宋一代，它的地位永沒有衰落。更如應天府的應天書院，在五代末年，戚同文聚徒講學，已經立下了相當根基。宋初，官方又幾番鼓勵，規模乃漸擴大。因爲它密邇東京，學生着實不少，造就出的人才也很多，范仲淹就是在那裏肄過業的。最末，登封縣的嵩陽書院，也經始於五代時候，宋太宗眞宗仁宗三朝，對它都很垂靑，賜九經，賞學田，所以也盛過一時。但它的光榮不像前四個，保持得長久，因而名氣也不十分大，這或是一般論宋代四大書院的多以石鼓書院替代它的原因罷。

七、明季的東林書院

東林書院在江蘇無錫，是宋代程門弟子楊龜山講學的地方。五百年以來，這個書院已經破廢，到明神宗萬曆年間，由本地學者倡議修復，他們即借此地重開講席，東林書院之名由此大著。茲錄材料數條於次：

「龜山年譜」：政和元年，楊龜山先生五十九歲，三月四日，初寓毘陵之龜巢巷。四年十一月，遂徙居毘陵，至建炎三年先生年七十六歲，乃自毘陵還南劔之將樂，前後共留十有八載，有講舍，在錫邑，城東隅弓河之上，地名東林。

「春明夢餘錄」：京師有首善書院，不知統謂之東林，當日直借東林，以害諸君子耳。蓋東林無錫書院名也，宋儒建，後廢爲僧寺，萬曆中，吏部考功郎顧憲成罷歸，即其地建龜山祠，同志者爲構精舍居焉，乃與行人高攀龍等開講其中。

「識言」：無錫東林書院，宋楊龜山先生所創，隆萬間，顧涇陽先生興復之，淑人心以扶世教，蓋濂洛正宗也。

「明史顧憲成傳」：邑故有東林書院，宋楊時講道處也。憲成與弟允成倡修之，常州知府歐陽東鳳與無錫知縣林宰爲之營構，落成，偕同志高攀龍錢一本薛敷教史孟麟于孔兼輩講學其中，學者稱涇陽先生。

「明儒學案」：高攀龍字存之，別號景逸，常州之無錫人。歸遂與顧涇陽復東林書院講學其中，每月三日遠近集者數百人。以爲紀綱世界，全要是非明白，小人聞而惡之，廟堂之上，行一正事，發一正論，俱目之爲東林黨人。

據上所引，略可徵知東林書院之緣起，下面之記載，更見其詳細，錄之於下：

「無錫金匱縣志」：東林書院亦名龜山書院，在城東南隅，宋楊文靖時講學於此，後卽其地爲書院，而建道南祠以祀之。元至正間，廢爲僧廬。明邵寶欲興復未果，萬曆卅二年，顧憲成及弟允成始構成之，憲成歿，高攀龍葉茂才相繼主其事。榜其門，曰東林書院，門之前建坊，曰洛閩中樞，其陰曰觀海東游，入門曰麗澤堂，更入爲講堂曰依庸，後有門額曰燕居，其內有堂曰中和，奉先師木主，東西兩樓藏祭器經籍，別建道南祠於書院之東，初以羅從彥胡珵喻樗一袤李祥蔣重珍邵寶七人配，其後攀龍又進顧憲成允成錢一本薛敷教安希范劉元珍六人，而攀龍茂才及陳幼學許世卿吳桂森鄒期楨馬世奇華允誠亦先後入祀，其他增祔寖多，詳東林志。當憲成攀龍講學時，歲兩大會，月一小會，各三日，悉仿白鹿洞規，遠近名賢，同深相應，天下學者，咸以東林爲歸。

按書院有會講式之書院，有考課式之書院，而明以會講式之書院爲盛。東林書院卽屬於會講式之書院，所謂講學歲兩大會，月一小會，各三日，悉仿白鹿洞規，遠近名賢，同聲相應，想見其盛況。

「明儒學案」：顧憲成字叔時，別號涇陽，常之無錫人。戊戌始會吳中同志於二泉，甲辰，東林書院成，大會四方之士，一依白鹿洞規，其他聞風而起者，毘陵有經正堂，金沙有志矩堂，荆溪有明道書院，虞山有文學書院，皆捧盤珠，請先生涖焉。

耿橘字庭懷，北直河間人，官至常熟時，值東林講席方盛，復虞山書院，請涇陽主教，太守李右諫御史左宗郢先後講於書院，涇陽既去，先生身自主之。

「明史顧允成傳」：張納陛，字以登，宜興人。生平尚風節，鄉邑有利害，輒為請於有司而後已。東林之會，納陛與焉，又與同邑史孟麟吳正志為麗澤大會，東南之士爭赴之。

「明儒學案」：葉茂才字參之，號圓適，無錫人也，先生在東林會中，於喁無間，而晰理論事不厭，相持終不肯作一違心語。忠憲歿，先生狀之。

「東林書院志」：顧憲成會講東林書院公啓（萬曆甲辰）東林之役，幸邀靈竣事，遠惟子輿之仁而求其輔，會莫亟焉，近惟茂叔之義而求其樂，聚莫重焉，下衷不勝大願，敢屈道駕貺臨主盟，伏蒙惠然，夫豈惟某等實拜門下之賜，會期卜於月之初九日始，至十一日，謹聞。

又院規顧涇陽先生東林會約（詳見東林書院志）按東林落成於萬曆甲辰之秋，十月徧啓，諸同人始以月之九日十日十一日大會東林講堂，涇陽先生爰作會約，以諗同志，而景逸先生爲之序，首列孔顏曾思孟，明統宗也，次白鹿洞學規，定法程也，申之以飭四要，辨二惑，崇九益，屏九損，衞道救時，周詳懇到，其間闡提性善之旨，以闢陽明子天泉證道之失，尤見一時障川廻瀾之力，是時海內論學諸賢，各有宗旨，亦每有會約，而莫如此約之醇正的實者。舊志頗有異同，今則謹照原刻編定，許獻謹識。

又東林會約儀式：

一、每年一大會，或春或秋，臨期酌定，先半月遣帖啓知，每月一小會，除正月六月七月十二月祁寒盛暑不舉外，二月八月以仲丁之日爲始，餘月以十四日爲始會各三日，願赴者至，不必遍啓。

一、大會之首日，恭捧聖像，懸於講堂。午初，擊鼓三聲，各具本等冠服，詣聖像前行四拜禮，隨至道南祠，禮亦如之，禮畢入講堂，東西分坐各郡各縣，次本郡，次本縣，次會主，各以齒爲序，或分，不可同班者退一席，俟衆已齊集，東西相對兩揖。中未擊磬三聲，東西相對一揖，仍詣聖像前及道南祠肅揖而退。第二日第三日免拜，早晚肅揖用常服。其小會二月八月如第一日之禮，餘月如第二日第三日之禮。

一、大會每年推一人爲主，小會每月推一人爲主，週而復始。

一、大會設知賓二人，願與會者，先期通一刺於知賓，卽登入門籍，會日設木拆於門，客至，閽者擊柝，傳報知賓，延入講堂。

一、每會推一人爲主說四書一章，此外有問則問，有商量則商量，凡在會中，各虛懷以聽，即有所見須俟兩下講論已畢，更端呈，請不必攙亂。

一、會日，久坐之後，宜歌詩一二章，以爲滌蕩凝滯，開發性靈之助，須互相唱和，反覆涵咏，每章至數遍，庶幾心口融洽，神明自通，有深長之味也。

一、會衆畢聚，情靜乃肅，須煩各約束從者，令於門外聽候，勿得混入，以致喧擾。

一、每會須設門籍，一以稽赴會之疏密，驗現在之勤隋，一以稽赴會之人，他日何所究竟，作將來之法戒也。

一、每會設茶點，隨意令人傳遞不必布席。

一、各郡各縣同志臨會，午飯四位一席，二葷二素，晚飯葷素各六色，酒數行。第三日之晚，每桌加菓四色，湯點一道，攢盒一具，四位一桌，酒不拘，意浹而止。

一、同志會集，宜省繁文，以求實益，故揖止班揖，會散亦不交拜，惟主會者，遇遠客至，即以一公帖迎謁，客至會所，亦止共受一帖，其同會中，有從未相識欲拜者，止於會所，各以單帖通名，庶不致疲弊精神，及生厭苦，其有必不可已者，俟會後畢行之。

又歌儀：

蒙學習禮者充歌生，每歌魚貫升堂，齊立，對聖像一揖，擇年長聲亮一人爲倡，每倡者先歌一聲，衆生齊和一聲，歌畢，復一揖，捲班散。

又歌詩：

楊龜山　東林道上閒步

朱晦庵　克己

陳白沙　獨速

王陽明　咏良知

右七言絕句，歌絕句四首爲一闋，或倍之，每首末二句重歌。

邵康節　觀物

程明道　秋日偶成

陳白沙　夜坐

王陽明　月夜與諸生歌於天泉橋

右七言律，歌律詩二首爲一闋，或倍之，每首末二句重歌。

查萬曆卅二年，顧憲成罷官南歸，就無錫東林書院加以修葺，和高攀龍等人講學其中，前已言之。天啓初年，鄒元標和馮從吾又在北京宣武門內建立首善書院，用爲都人講學之所。參與這兩個書院的多是些蹇諤一流的人物，談性理之外，免不了批評朝政，這當然要招惱了朝中一羣小人，尤其號稱九千歲的大老公魏忠賢，更不高興，於是便用「黨」的名義，把這兩個書院有關人士，殺的殺，貶的貶，而旁的書院也遭了池魚之殃，拆毀價賣，這就是歷史上有名的東林黨黨案。根據下面記載，可略知其端倪。

「明史紀事本末東林黨議篇」：顧憲成謫歸，講學於東林，故楊時書院也。孫丕揚鄒元標趙南星之流，蹇諤自負，與政府每相持，其附閣臣沈一貫者，科道亦有人。而憲成講學，天下趨之。一貫持權求勝，受黜者身去而名益高，此東林浙黨所自治也。其後更相傾軋，垂五十年。

「明史」：東林諸儒傳贊，名高速謗，氣盛招尤，物議橫生，黨禍繼作，乃至衆矢之的，咸指東林，甘陵之部，洛蜀之事，不烈於是矣。憲成諸人清節姱修，爲士林標準，雖未嘗激揚標榜，列君宗顧俊之目，而負物望者，引以爲重，獵時譽者資以梯榮，附麗游揚，薰蕕猥雜，豈講學初心實然哉。語曰，爲善無近名，士君子亦可以知所處矣。

「明史顧憲成傳」：當是時士大夫抱道忤時者，率退處林野，聞風響附，學舍至不能容。憲成嘗曰，官輦轂志不在君父，官封疆，志不在民生，居水邊林下，志不在世道，君子無取焉。故其講習之餘，往往諷議朝政，裁量人物，朝士慕其風者，多遙相應和，由是東林名大著，而忌者益多。……嗣後攻擊者不絕，比憲成歿，攻者猶未止，凡救三才者，爭辛亥京察者，衞國本者，發韓敬科場弊者，請行勘熊廷弼者，抗論張差挺擊者，最後爭移宮紅丸者，忤魏忠賢者，率指目爲東林，抨擊無虛日，借魏忠賢毒燄，一網盡去之，殺戮禁錮，善類爲一空。

「明史魏忠賢傳」：吏部郎顧憲成講學東林書院，海內士大夫爭附之，東林之名自是始。既而挺擊紅丸移宮三案起，盈廷如聚訟，與東林忤者，衆目之爲邪黨。天啓初，廢斥殆盡，識者已憂其過激變生，及忠賢勢成，其黨果謀倚之以傾東林。御史徐復陽請毀講學書院，以絕黨根，御史盧承欽又請立東林黨碑，海內皆屏息喪氣。

又「鄭三俊傳」：明年忠賢黨張訥，請毀天下書院，劾三俊與鄒元標馮從吾孫愼行余懋衡合汚同流，褫職閒住。

又「曹欽程傳」：張訥閬中人。由行人擢御史，承忠賢指，首劾趙南星十大罪，尋請毀東林關中江右徽州諸書院，痛詆鄒元標馮從吾余懋衡孫愼行並及侍郎鄭三俊畢懋良等亦坐削奪，復劾江西巡撫韓光祐。訥爲忠賢鷹犬，前後搏擊用力多，忠賢深德之。崇禎初，忠賢伏誅，公論始明，書院有詔修復。然以閹黨餘孽未盡，水火交爭，彼此報復，糾紛不定，直至明亡而後已。以下所引，可資佐證。

「廿二史劄記」：（趙翼）萬曆末年，廷臣務爲危言激論，以自標異，於是部黨各立，易成一門戶攻擊之局。高攀龍顧憲成講學東林書院，士大夫多附之。既而挺擊、紅丸、移宮三案，紛如聚訟，與東林忤者，衆共指爲邪黨。天啓初趙南星等柄政，廢斥殆盡，及魏忠賢勢盛，被斥者咸欲倚之以傾東林，於是如蛾赴火，如蟻赴羶，而科道轉爲其鷹犬。周志建謂汪直劉瑾時，言路淸明，故不久卽敗，今則權璫反藉言官爲報復，言官又藉權黨璫爲聲勢，此言路之又一變，而風斯下矣。崇禎帝登極，閹黨雖盡除，而各立門戶，互攻爭勝之習，則已牢不可破，是非蜂起，叫呶噂沓，以至於亡。

「東林書院志」：建置天啓乙丑八月，拆毀天下書院，首及東林，然止撤依庸堂，若燕居廟暨左右長廊書室，賴忠憲保護獲存。丙寅三月，忠憲殉難，五月初旬，撫按檄邑令某，盡毀聖廟書室，東林遂爲瓦礫區。戊辰，崇禎改元二月，御史劉公士佐請復天下書院，奉旨各處書院宜表章者，着提學官盡行修復，時吳勤華先生得旨大悅，始捐資重建麗澤堂，堂成於己巳。

「明史倪文璐傳」：崇禎元年正月，上疏曰，東林天下才藪也，而或樹高明之幟，繩人過刻，持論太深，謂之非中行則可，謂之非狂狷不可。書院生祠相勝負者也，生祠毀，書院豈不當修。時柄國政者，悉忠賢遺黨，疏入，以論奏不當，責之。又顧憲成傳，崇禎立，始漸收用，而朋黨勢已成，小人卒大熾，禍中於國，迄明亡而後已。

以上係略敍東林書院興衰之經過，現在應一述東林學派。據明末大儒劉蕺山說：「東林之學，涇陽導其源，景逸始入細，至淇澳而集其成矣。」（東林學案）按涇陽係指顧憲成，景逸係指高攀龍，淇澳係指孫愼行，現在分別述其生平與學說於次：

顧憲成，明無錫人，字叔時，生於世宗嘉靖廿九年，死於神宗萬曆四十年，享年六十有三歲。神宗萬曆八年成進士，累官吏部文選郎中。因事被斥，講學於東林書院，爲東林黨之首。天啓時，贈太常卿，魏忠賢亂政，削奪之。崇禎時贈吏部侍郎，謚文端。憲成少時卽有志聖學，迨削籍里居，益覃精研究，一以程朱爲宗，學者稱涇陽先生。

顧氏以性爲本體，以情爲用。以良知爲才——介乎體用之間。本體之性爲天所賦予，是至善的，所以發而爲用之情與才也是至善的。「孩提之童，無不知愛其親也；及其長也，無不知敬其兄也。親親仁也，敬長義也。」由孟子這一段話所指，仁義爲性，愛敬爲情，知愛知敬爲才。性是「無爲」，而才與情是「有爲」；情是有「專屬」，而才是無「專屬」；所以介乎體用之間。良知卽才，所以良知也是介乎體用之間，但其質爲善的，三者是一樣。性不但是善的，而性卽善；性與善是一不是二，所以他說：「語本體只是性善二字。」（小心齋箚記）善並沒有特別意義，不過是萬德之總名；性乃純一之天理，萬德皆備，故曰性善——卽性與善是一致的。性與善既一致，則不善的東西必不是性；換一句話，凡吾性所本有的謂之善，凡吾性所本無的便謂之惡了（東林學案顧東野商語，又與李孟白書）。心乃根柢於性，性卽心之體，所以心也是善的。不過有時心爲私欲所引誘，多趨於惡，但本體未嘗不善。由此論證，所以他認陽明「無心無惡心之體」一句話落於禪宗，有違儒家的說法，辨難不遺餘力。——此爲顧氏有關性善的說法。

「喫緊只在識性。識得時不思不勉是率性，思勉是修道。識不得時，不思不勉是忘，思勉是助，總與自性無干。」（小心齋劄記）顧氏一生為人的工夫就在「識性」二字。識得性時，着意是好的，不着意也是好的。怎樣識性，「當下卽是」，因為「合下具足，所以當下卽是」。「合下」以全體言，凡現在過去及未來皆包括在內。「當下」以對境言，只論現在，不論過去及未來。凡整個時間，無論古今，或一瞬一刻，皆具有至理，皆是天理流行，所以「合下具是」。但吾人多為私欲所蒙蔽，雖然人人「具足」未必人人「卽是」；雖未必「卽是」，亦不害於「具足」。只要吾人於現時此地看得清白，識得性來，朝着天理行走，吾人的行為就是至善的，就合乎天理，所謂「當下卽是」。在平時隨時隨地如此用力；在變時亦隨時隨地如此用力。平時用力，是在源頭上探索；變時用力是在關頭上打通。探索得源流，則關頭亦通，打通得關頭則源頭自清。（東林學案顧涇陽當下繹）——此為顧氏有關修養的說法。

顧氏是一個憂時愛國之士，所以他平日講學，亦以有益於世道人心為目的。所以他說：「官輦轂，念頭不在君父上；官封疆，念頭不在百姓上；至於水間林下，三三兩兩，相與講求性命，切磨道義，念頭不在世道上；卽有他長，君子不齒也。」（東林學案）由他這幾句話看來，可以想見其為人了。（見陳青之中國教育史）

高攀龍，字存之，別號景逸，無錫人，生於世宗嘉靖四十一年，較顧氏晚生十二歲。神宗萬曆十七年成進士。熹宗時官至左都御史，魏忠賢亂政，引去，崔呈秀欲殺之，自沈於池而死。嘗與顧憲成講學於東林書院，操履篤實，爲一時儒者之宗，世稱高顧。崇禎時，追贈太子少保，謚忠憲。

高氏之學，以復性爲宗，以格物爲要，以居敬爲工夫，以靜坐爲入德之門；他平日敎人，亦不外這標準。換言之，「復性」是他的敎育宗旨，「格物」是他的學習方法，「居敬」與「靜坐」是修養的工夫。他以性爲本體，認它爲天理，爲至善，爲天所稟賦，完滿無缺的，與顧氏的意見相同，不過說的更複雜，更精透。同時並指出心氣情等名詞及與性的關係來。他說：「中者心之所以爲體，寂然不動者性也，和者心之所以爲用，感而遂通者情也。（未發說）這是以性爲體，以情爲用，總名曰心。又說：「心氣分別譬如日，廣照者是氣，凝聚者是心，明便是性。」（會語）這是認心、性與氣三者爲同一物，不過作用不同。又說：「氣之精靈爲心，心之充實爲氣，非有二也。」（講義）這又認心與氣同一物了。又說：「存養此心純熟，至精微純一之地，則卽心卽性，不必言合。」（論學書）是又以心與性爲同一物了。又說：「性者天理也，外此以爲氣，故氣爲老氏之氣，外此以爲心，故心爲佛氏之心，聖人氣則養其道義之氣，心則存其仁義之心，氣亦性，心亦性也。……性形而上者也，心與氣形而下者也。」（氣心性說）若全合乎天理，則心性氣三者是一樣的，不過性屬於形而上的，心與氣屬於形而下的。我們歸納起來，吾人生命的活動全靠精神作用，這種精神作用充塞於全身的謂之氣，團聚於中而能主宰一切的謂之心，表現於外發而有喜怒哀樂的謂之情。凡此三者之所充塞所主宰所發現，有條不紊，極合道理的謂之性。所以性爲一切精神作用的本體，這個本體是善的，所以由他所生的心氣情等精神作用也是善的。反轉來說，若心氣情不是由性而生，難免不爲惡，惡卽無有源頭的東西——隨着環境猖狂的東西。吾人的精神作用所以隨意猖狂不本於性，由於本性由私欲所蔽，失了作用。吾人要有好的行爲，卽有規則的精神活動，必要回復天然自有之本性，所以「復性」爲教育宗旨。怎樣復性？在於格物。格物卽窮理，窮得理明，則私欲自去而性卽可復。「但程朱之格物，以心主乎一身，理散在萬物，存心窮理相須並進。先生謂纔知反求諸身，是眞能格物者也，是與程朱之旨異矣。」（學案）

至於修養居敬的工夫亦與程朱稍異。程子說：「主一之謂敬，無適之謂一。」高氏則謂「心無一事之謂敬。」他是要以心中無一點事情爲極功的，到得心中無一點事時纔謂之敬。如何能使心中湛瑩無事，則有賴於修養工夫。修養第一步莫如靜坐，靜坐是「喚醒此心卓然常明，志無所適」的工夫。志無所適，則精神收斂，雜念自去，昏氣自清；於是心地澂澈空明，本體自然呈現。此時所呈現的仍是毫無一物，此之謂敬。到得敬時，「遂與大化融合無際，更無天人內外之隔了。」但做到這個地步殊不容易，必有數十年涵養之功才行。他說：「大聖賢必有大精神，其主靜只在尋常日用中。學者神短氣浮，便須數十年靜力方得厚聚深培

。」（自序）所以他以靜坐爲初學入門法。（引同前）

孫愼行，明武進人，字聞斯號淇澳，生於世宗嘉靖四十四年，死於崇禎八年，享年七十有一歲；我們所擧東林三人中，以孫氏出世較晚，而年壽最高。神宗萬曆廿三年成進士，擢禮部右侍郎，於朝政缺失論諫極切，熹宗時，拜禮部尚書，追論方從哲進紅丸之罪，廷臣有希內廷意旨，右從哲者，因謝病歸。操行皭然不滓，爲一時縉紳之冠。及三朝要典旣出，三案盡翻，紅丸一案，以愼行爲罪魁，當遣戍寧夏，會魏忠賢敗，乃免，卒謚文介。

孫氏學力與高氏不相上下，但他不是程朱信徒，似乎是直接孟子的另一派學者。他的特異處，在論理氣、心、性三點。他以爲天命只有一種而沒有不齊，性只有一種而沒有不善，心亦只有一種而亦無不善。而世人往往說「天命者除理義外，別有一種氣運之命，雜糅不齊；因是則有理義之性，氣質之性；又因是則有理義之心，形氣之心。」這全是觀察錯誤。他說理義之命固然齊一，而氣運之命未嘗不齊。在表面上看，雖有寒暑錯雜，治亂循環，死生得喪種種不一，但天道福善禍淫，全是一段至善，此至善者，一息如是，終古如是，在萬有不齊之中有此一點眞主宰，萬古常存，可見氣運之命也是齊的。他又說：「性如一粒種子，生意是性，生意默默流行便是氣，生意顯然成像便是質。如何將一粒分作兩項曰性好氣質不好。」（淇澳學案困知鈔）這一段話說得最好，由這一段看來，所謂性、氣、質皆是一體的三現象，全是至善的。一般人旣分理義之性與氣質之性爲二，又說氣質之性不善，不但支離，且根本錯誤。至於孟子所說肥磽雨露人事不齊，因之所生麰麥顯有差異，乃是孔子所謂「習」，而世誤以為氣質，故有「氣質之性有不善」的謬解。他又說：「人心道心非有兩項心也，人之為人者心，心之為心者道，人心之中，只有這些理義之道心，非道心之外別有一種形氣之人心也。」（同上）理義之性以外更無氣質之性，故理義之道心外更無形氣之人心，蓋性與心，同為天命所賦與，即為理義之實，沒有不善；所有不善者皆是後天之習，若於道心之外別有一種形氣之人心，也以習慣為本然，與前者陷於同一誤謬，不可不辨。孫氏對於心性的辨證大概如此。（引同前）

總括言之，我們從東林書院說到東林學派，不是在譽揚它們之如何有名和特出，而是說明東林那些學者批評朝政，不畏權勢，凛然不可侵犯的氣節。我們已知道東林書院是宋儒楊龜山講學的地方，久已被廢，到明神宗萬曆年間，由顧氏兄弟倡議修復，與高氏、孫氏、錢氏一般學者講學其中。他們講學目的在挽回世道人心，而講學不忘政治，所以往往以時政為講學資料。當是時，正是神宗晚年，他們眼看朝政日非，小人勢力日長，愈發為激烈的言論，忌恨他們的小人們遂指為東林黨，因運時會的人又從而附和起來，於是東林黨的名聲遂宣騰於天下。其實，在東林講學的不過數人，因為與在朝小人對立，所以凡屬言論正直一點的士大夫，皆被目為東林黨人。而東林書院當初不過是一私人講學的機關，後來竟變成政治團體了。但這一派人士所講的學問是王學的反應，也就是說，他們都是擁護程、朱學說，對於王學加以攻擊的。然他們彼此之間的主張各有不同，亦不是與程、朱學說完全一致的，所以我們稱之曰「東林學派」。

八、書院之特色

我國書院既非官學，亦非私學，其地位蓋處於官學與私學之間，而爲一種有組織之教育場所，不僅爲教育史上之創制，且係學術史上之奇葩。故有人（見後）將其與二千年前希臘之 Academia 及 Lykeon 相媲美，可見其地位與價值。書院現雖成爲歷史名詞，然其院址之優美，講學之自由，教訓之合一，學術之貢獻，及其有教無類，因材施教，以致人材輩出，蔚爲國用種種優點，較諸現代大學不僅毫無遜色，且更過之。略陳梗概，以供參考。

一、自由講學

在隋唐之前，中國學者講學，多在家中設帳，或在侯王府第裡設帳。宋代以後，講學則多在書院。

講學之法，或官吏延師，或主者自教，或代以高第弟子，或令先從高第弟子問學等，如象山精舍中之鄧約禮、傅子雲，竹林精舍中之黃榦是。亦有別請大儒爲臨時之講演者，如陸九淵講喻義章於白鹿書院，黃榦講乾坤二卦於白鹿書院是。他如方逢辰有石峽書院講義，張栻有麗澤書院講義，程若庸有斛峯書院講義，文山有西澗書院講義，可能皆爲臨時之講稿。白鹿洞志更載陸九淵書堂講義，及朱子跋語，則又儼然一首尾俱全之演講錄也。

講學爲書院之主要任務，其敎材與敎學方式，亦有一述之必要。

關於敎材：大抵漢代以後之學校，主習儒家經典，書院自不能例外。然宋代學者研究的對象與方法，與漢唐不同。今日所稱之宋學，又曰義理之學，但他們所講的義理之學，並未包含六經全體，只有易經、論語、大學、中庸及孟子等書，爲他們的主要材料，有餘力才涉及他經。如白鹿書院：「聖賢所以敎人之法，具存於經，有志之士，固當熟讀深思而問辨之。……」（朱子大全卷七十四，白鹿洞揭示）石坡書院：「……石坡講學之語，實本師說，曰明誠，曰孝弟，曰顏子四勿，曰曾子三省……」（宋元學案八五六頁）雲山書院：「楊子謨講學於雲山書院，與諸生敷陳論孟大義。」（同前八二三頁）嶽麓書院：「木天駿字德遠……道出嶽麓書院得開南軒之敎，遂嚮往之，日與諸生講明求仁之旨。」（同前五五〇頁）由上列諸例，可知宋代書院所研究者，以經典爲主，尤其易經與四書。

敎學方式：宋代書院敎學方式雖無系統記載，亦不無蛛絲可尋。大抵官立書院則延名師，如：嶽麓書院之延請張栻，「……本司侍講張公先生，往來其間，使四方來學之士，得以傳道、授業、解惑焉。……」（朱子大全一目）白鹿書院之延請張洽，「……袁甫提刑江東，以白鹿書院廢弛，招先生爲長，曰：是先師之迹也，其可辭？」（宋元學案七六八頁）私設書院則主者自講，如：鶴山書院，「魏了翁……以所聞於輔廣、李燔者開門授徒，士爭負笈從之。」（宋史卷四三七）浮沚書院，「周行己，永嘉人，從伊川遊，成元祐進士。大觀間，築

浮沚書院以講學。」（宋元學案三五三頁）

其他如陸九淵講學於象山精舍，朱熹講學於武彝精舍，呂祖謙講學於麗澤書院，張栻講學於城南書院，更爲人所共知。

至於教學技巧，與個人之口才、學養有關，宋儒殆皆善於此者乎？如學道書院：「……山長陳宗亮升堂講學道愛人之義，堂講顏堯煥、胡應清分講論孟，衣冠森列，聽者充然。」（吳縣志卷廿七）顏江書院：「……危稹字逢吉，……知漳州，……作龍江書院其上。既成，橫經自講，人用顏動。」（宋史卷四一五危稹傳）陸九淵講學於白鹿書院，「聽者至爲泣下，（朱）熹以爲切中學者隱微深痼之病。」（宋史陸九淵傳）

總之，宋時書院之講學，無論方式如何，皆能啓發學者，使人感激奮礪。開講之時，衣冠森列，齊肅無譁。其感人之深，講習之盛，可以想見。（孫彥民宋代書院制度之研究引）

元代書院之創始者，爲太極書院，立於蒙太宗八年，延儒士趙復、王粹等講授其間。統一江南後設立甚多，著名者不下百數，見於續通考者已四十有一。宋元之世，自有國學及府縣之學，而此外又有書院者，蓋學校多近於科舉，不足以饜學者之望，師弟子不能自由講學，故必於學校之外，別闢一種講學機關。其官立者，雖有按年積分之制，而私家所設，或地方官吏自以其意延師講授者，初無此等拘束。故淡於榮利，志在講求修身治人之法者，多樂趨於書院。此爲當時學校與書院之大區別也。

宋元之間，書院最盛，至明而寖衰。其後國學之制漸隳，科舉之弊孔熾，士大夫復倡講學之法，而書院又因之以興。自王陽明以良知之學，聚徒於軍旅之中，於是東南景附，書院頓盛。陽明講學之所，若龍岡、貴陽、濂溪、稽山、敷文等，既皆隨處經營，隱然以復古爲己任。丙戌歲盡，嘗與董澐守歲書舍，尤見其講學之勤與感人之深。而同時湛若水亦築西樵講舍，建白沙書院，與陽明相應和。若水與陽明同講學，而旨趣各別，一時學者遂分王、湛之學。若水敎法，士子之來學者，先令習禮，然後聽講。陽明敎法，士子初至者，先令高第弟子敎之，而後與之語，要皆有一定之程序。

按書院有會講式書院，有考課式書院，而明以會講式之書院爲盛（明史、明儒學案、東林書院志均有記載）。因學有不同，不同所以尙會講也（明儒學案呂涇野先生語錄）。至明儒講學，除書院外，尙有寺觀祠宇之集會，月有定期，以相砥礪（王文成年譜）。王陽明門人，集會尤盛，徐階在靈濟宮集會，聽講者有數千人之多（明史羅汝芳傳，明儒學案徐階傳）。當時講學鉅子，如錢德洪、陳時芳、王畿，所至之處，集會開講，至老不衰。隨事擧示，亦無定法（明儒學案耿定理傳）。樵夫、陶匠、農工、商賈，無人不可聽講，無人不可講學（明儒學案）。此實爲前古所未有之盛況。

清代一般書院，以理學爲重，原係承明代之遺緒。康熙五十三年，江蘇巡撫張伯行建紫陽書院於蘇州，雍正三年，布政使鄂爾泰重修之，間以政暇，聚於春風亭，親與諸士倡和，士風一時振起。刻有南邦耆獻集兩種，一制藝，一古文詩賦。柳翼謀曰：「書院之由講求心性，變爲稽古考文，殆以是爲津渡。」（江蘇書院志初稿）然於制藝尙未偏廢。其後姚姬傳主講南京鍾山書院，以古文義法教門弟子。其有意提倡經古學，以阮元創建浙江詁經精舍爲嚆矢。阮元與孫淵如、王述庵迭爲詁經主講，講議服物典章，辨難同異。以十三經三史疑義相搜討，旁及小學、天文、地理、算法、詞章。於是書院重理學之風氣，一變而爲重漢學。道光十八年江蘇總督陶澍立惜陰書院於南京，課士經史詩賦，不及制藝。同治四年丁日昌於上海建龍門書院，延顧廣譽爲主講。同治十二年沈仲復於上海設詁經精舍，延兪樾爲主講。所講者皆以經史漢學爲尙。其後風氣所被，無錫有南菁書院，蘇州有學古堂，廣東有廣雅書院，湖南有校經堂，湖北、四川、陝西各省，亦皆建有專攻經史之書院，而講學之風不衰。

二、教訓合一

秦漢以後，士子競趨利祿，學校變爲達成名利之場所，人格教育之意義漸失。書院之設立，是爲糾正此一缺點，將「義理之學，修養之道」作爲教育之中心。故自宋、元、明以迄清代，爲時經數百年之久，關於書院之內容規則，雖不無變更添補之處，然其目的之在於講學術以正人心，補國家學校之闕失，則始終一貫。亦卽我國眞正之書院教育，原係人格教育，至其倡導學術自由研究之風氣，及知識之傳授，尚餘事耳。

因書院之主要在育成偉大高尚之人格，故白鹿洞學規與程董學則（均見後），遂爲歷代書院所取法。而明、清兩代無論公私書院，皆普遍採用。胡適氏有云：「白鹿洞在歷史上佔一個特殊地位，有兩個原因：第一、因爲白鹿洞書院是最早的一個書院。第二、因爲朱子建白鹿洞書院明定學規，遂成後此幾百年講學式的書院。」又說：「朱子定的白鹿洞學規，簡要明白，遂成爲後世七百年的教育宗旨。」（胡適文存）

所謂白鹿洞學規，其文亦極簡單，錄之如次：

父子有親，君臣有義，夫婦有別，長幼有序，朋友有信。

右五教之目，堯舜使契爲司徒，敬敷五教，卽此是也。學者學此而已。而其所以學者之序，亦有五焉，其別如左：

博學之，審問之，愼思之，明辨之，篤行之。

右爲學之序。學問思辨四者，所以窮理也。若夫篤行之事，則自修身以至於處事接物，亦各有要。其別如左：

言忠信，行篤敬，懲忿窒慾，遷善改過。

右修身之要。

正其誼不謀其利，明其道不計其功。

右處事之要。

己所不欲，勿施於人。行有不得，反求諸己。

右接物之要。

上爲白鹿洞書院學規，朱子復跋其後云：「熹竊觀古昔聖賢所以教人爲學之意，莫非使之講明義理以修其身，然後推己及人，非徒欲其務記覽，爲辭章，以釣聲名，取利祿而已也。今人之爲學者，既反是矣。然聖賢所以教人之法，具存於經，有志之士，固當熟讀深思而問辨之。苟知其理之當然，而責其身以必然，則夫規矩禁防之具，豈待他人設之，而後有所持循哉？近世於學有規，其待學者爲已淺矣。而其爲法，又未必古人之意也。故今不復以施於此堂，而特取凡聖賢所以教人爲學之大端，條列於右，而揭之楣間，諸君其相與講明遵守，而責之於身焉。則夫思慮云爲之際，其所以戒謹而恐懼者，必有嚴於彼者矣。其有不然，而或出諸禁防之外，言之所棄，則彼所謂規者，必將取之，固不得而略也。諸君其亦念之哉！」（朱子大全卷七十四）可見朱子教人，處處以禮教爲先。

按朱熹白鹿洞書院學則，爲立教之範疇，而程端蒙董銖學則，爲履行之細目，玆亦照錄如左：

嚴朔望之儀　書院設雲板於講堂，凡朔望日昧爽，齋僕擊板，始擊，咸盥漱，整衣冠，再擊皆升堂。師長率諸生詣先儒前再拜，焚香，訖又再拜，退，師長面西立。諸生之長者相率立齊，向上三揖，遇節日則再拜。諸生亦相向東西立齊，一揖而退。

謹辰昏之令　常日擊板如前，再擊，皆就案明誦所業書。遇講書作文之期，則升堂向師長三揖。至夜三鼓，擊板方就寢。或夜誦者聽之。

居處必恭　居有常處，序坐以齒。凡坐必直身正體，勿箕踞傾倚，交脛搖足。寢必後長者，既寢勿言，當晝勿寢。

步立必正　行必徐，立必拱，必後長者。勿背所尊，勿踐閾，勿跛倚。

視聽必端　勿淫視，勿傾聽。

言語必謹　致詳審，重然諾，肅聲氣，勿輕勿誕，勿戲謔諠譁，勿及鄉里人物長短及市井鄙俚無益之談。

容貌必莊　必端嚴凝重，勿輕易放肆，勿粗豪狠傲，勿輕有喜怒。

衣冠必整　勿爲詭異華靡，勿致垢敝簡率。雖燕處不得裸袒，雖盛暑不得輒去鞋襪。

飲食必節　書院不得私有宴會。凡常食勿貪味，勿恥惡食。非節假及尊命不得飲，飲不過三爵，勿至醉。

出入必省　非尊長呼喚，師長使令，不得輒出學門。出必告，反必面。出不易方，入不踰期。

讀書必專一　必正心肅容，以計徧數。徧數已足，而未成誦，必須成誦。徧數未足，雖已成誦，必滿徧數。一書已熟，方讀一書。毋務泛觀，毋務強記。非聖賢之書勿讀，無益之文勿觀。

寫字必楷敬　勿草，勿欹傾。

凡席必整齊　位置有倫，簡帙不亂。書筒衣篋，必謹扃鑰。

相呼必以齒　年長倍者以丈，十年長者以兄，年相若者以字，勿以爾汝。書問稱謂亦如之。

書院教規爲表諸成文的訓導。但教規之異同，每隨山長之學旨而定。普通多採用朱子白鹿洞書院學規及程董二先生學則。如山長參以己意或另行酬訂，如湛若水西樵大科書院堂訓，是明以後被稱爲稍完備者。

總之，書院訓士，除立教規爲操履督導外，同時以祀先賢爲精神之感發，揭碑記爲態度之提示，形式雖有不同，而爲訓導之意義則一。

抑有進者，抗戰前數年，頗有人憶及書院制度之優，先後有萃升書院、學海書院之設，以爲頗類於英國導師制度;而不知英國導師制度，正由吾國書院脫化而成。又廿多年前，報載史學家錢穆氏正在作一種新的教育制度的實驗，做效英國的導師制度和中國古代的書院制度來講學。他說，他在香港主辦的新亞書院，就是朝此理想發展。其教學原則則以教授爲中心，而不是以課程爲中心。教授除了授予學生知識並督修其課業外，在人格修養方面，尤須給予以良好印象，俾能樹立表率，培養青年學子高深的學問與完整的人格。他強調人格教育的重要性，曾經這樣說：「教育如果只注意知識的灌輸，而忽略人格的培養，則教育出來的人，縱使其學富五車，對社會不僅毫無貢獻，且將製造各種罪惡。今日社會道德淪落，已顯見我們人格教育不夠堅強。……」同時他認爲書院制度是一定可以成功，且將推行全國。他說：「不靠私人的經濟力量來主辦大規模的大學是很困難的，如果書院制度能普遍實現，只要少數志同道合的學者結合，就可以聚集生徒，開始講學。」（四十三年八月十四日中央日報）雖錢氏在新亞任內，未能完全實現其理想，但他能獨具慧眼，指陳現在教育的癥結，並對我國古代書院制度有無上信心，這一點是值得我們欽佩的。

三、院址優美

我國書院之興起，受禪林精舍之影響甚大。因佛徒每依山林名勝之區，建立叢林，勤修禪道。精舍之特點，則在清淨潛修。此種事實，遂誘發儒者，覺無論個人修學或教育青年，俱無需專恃官家之興學，山林閒曠，州郡鄉邑，隨處可爲讀書肄業之所。而書院環境適宜，優美寧靜，以陶冶性靈，故院址除設於文物薈萃之區外，大抵皆擇於山水秀麗之處，有人文與自然配合之義。徐鍇「陳氏書堂記」曾云：「稽合同異，別是與非者，地不如人；陶冶氣質，漸潤心靈者，人不若地。學者察此，可以有意於居矣。」（全唐文八八八頁）此言誠是。

按稽同異，別是非，乃經學所矜重；潤心靈，乃習文之津途。一重人，故覓師，一重地，故擇勝。唐中葉以後，人務詩賦以取進士，宜其擇山林寺院之勝地，以爲習業之所矣。

唐人讀書山寺蔚成風尚，故後代書院，每擇名勝之區，雲封深處，結茆構椽，以供士子習業之所。宋代最早之書院莫過於白鹿（在江西南康府北十五里廬山五老峯下）、石鼓（在湖南衡陽縣北二里石鼓山，舊爲尋眞觀）、太室（後更名嵩陽，在河南登封縣太室山下）、睢陽（卽應天府書院，在河南商邱縣城西北隅）、嶽麓（在湖南善化縣西嶽麓山下）五院。就中除睢陽始於五代晉末戚同文之講學，院址在城內外；其餘四院院址，均爲唐代士人讀書最盛之山林。

再據劉伯驥「廣東書院制度」內述：「宋明理學家的講學，其精舍書院，每擇名勝之區，雲封深處，結茆構椽，讀書環境，清靜得很。像明代西樵羅浮等處書院精舍，都是這樣的。……清代書院的講究形勢，較明代爲重。除府城各大書院限於城裏，或建於學宮之旁，或將舊衙署改建之外，在鄉邑如新建書院，必選擇形勝之地。當時選擇形勝，實有兩種作用：（一）應取風水，（二）謀合清靜。……當時書院很注重環境，求風水是心理上的希冀，而求清靜是實際所需要。古人所謂名山事業，就是指後者而言的。」觀劉說，不難找到佐證。如范孝曾建遂良書院，謂「作人以書院爲重，書院以清靜爲宜。似行臺佈置，絕不類書院規模，況四面民居錯雜，雖有潛心讀書者，其如喧譁不絕何。余遂因擇一清靜之所，往觀其形勢。恍有山谷氣象，余曰：天然佳勝，宜建書院於此。」（清范孝曾乾隆四十六年遂溪遂良書院記）又清戴錫綸遷建包州石龍書院文中有云：「地居湫隘，氣沍器塵，無惑乎士風湮麓，而昌熾爲艱也，是非改圖不可。」

筆者曾在「清代書院述略」（國立編譯舘舘刊二卷三期）一文中，引河北省保定蓮池書院爲例，藉以說明歷代書院多建於風景秀麗之地，以爲士子習業之所。玆介紹廬山白鹿洞書院史實及所在地情況如左：

據嚴耕望氏在「唐人讀書山林寺院之風尚」（民主評論五卷廿三期）內云：「士子讀書大抵以名山爲中心。北方以中條、嵩山爲盛，南方以廬山爲最盛。」稽諸史乘，此言誠是。就廬山言，唐詩紀事四六劉軻條云：「樂山云：廬山自陶潛後，貞元初有符載楊衡輩隱焉。今讀書屬文結茅嵓谷者猶一二十人。其中秀出者，有彭城劉軻，……異日必能跨符楊而攀陶朱矣。」此泛言之。可想見平時經常有不少人讀書其中，至於逐一記載之材料甚多。即陳舜俞廬山記卷二（大正新修大藏經第二〇九五）已有五條，見於「唐才子傳」、「太平廣記」等書六條，見於全唐文者四篇，見於全唐詩者十首。據此而言，唐中葉以後，讀書廬山之風甚盛，宰相楊收、李逢吉、朱朴，名士如符載、劉軻、竇羣、李渤、李端、杜牧、杜荀鶴皆出其中。大抵皆數人同處，或結茅，或居書院，且有直從寺院肄業者。唐末五代此風尤盛，祇觀全唐文陸元浩仙居洞「永安禪院記」，同書李徵古「廬江宴集記」，同書徐鍇「

陳氏書堂記」已可徵知。（見嚴文）

書生就讀廬山之風之盛如此，而白鹿洞蓋尤爲諸生聚處之中心。玆再徵引史料數則於後：

（一）彭時「重修白鹿洞書院記」：廬山古蹟以百數，惟白鹿洞最勝。洞卽李渤隱居之所，南唐始立學舘，至宋表章爲書院，而其規制大備於晦庵朱夫子，此其所以最勝廬山而有名於天下後世也。

（二）朱熹「申修白鹿洞書院狀」：具位熹契勘廬山白鹿洞，舊屬江州，今隸本軍，去城十有餘里，元係唐朝李渤隱居之所。……至國初時，學徒猶數十百人。

（三）呂祖謙「鹿洞書院記」：書院創於南唐，其事甚鮮。我太宗於迅掃區宇不暇給之際，獎勵封植，如恐不及，規模遠矣。

（四）「白鹿洞志」：白鹿洞者，唐李渤讀書處也。……南唐昇元中，始建爲學，置田聚徒，以國子監九經李善道爲洞主，名曰廬山國學。

關於白鹿洞書院之史實，介紹已多，不再具引，玆應略述白鹿洞書院之環境——廬山，以顯示其爲天下最盛之讀書場所。

廬山在江西省北部，鄱陽湖流入長江，江湖之間水道的西岸，九江之南。全山三面環水，千岩萬壑，風景奇絕。由於歷代文人前遊，詩篇讚美，因此遐邇馳名。李白有詩云：「我本楚狂人，狂歌笑孔丘，手持綠手杖，朝別黃鶴樓，五岳尋仙不辭遠，一生好入名山遊。廬山秀出南斗傍，屏風九疊雲錦張，影落名湖青黛光，金闕前開二峯長，銀河倒挂三石樑，香爐瀑布遙相望。迴崖沓障凌蒼蒼，翠影紅霞映朝日，鳥飛不到吳天長，登高壯觀天地間，大江茫茫去不還，黃雲萬里動風色，白波九道流雪山。……」而蘇東坡「西林」一絕，更成爲千古絕唱：「橫看成嶺側成峯，到處看山山不同，不識廬山眞面目，只緣身在廬山中。」白鹿洞書院卽位於此山之五老峯下，其風景之優美可以想見。所以朱子洞牒有云：「觀其四面山水清邃環合，無市井喧，有泉石之勝，眞羣居講學遁迹著書之所。」又在申修白鹿洞書院狀中云：「竊爲廬山山水之勝，甲於東南」等語。因其爲一讀書之好去處，遂成爲國內一大人文淵藪，歷久而勿衰。

四、學術貢獻

書院何以於宋初始盛，朱熹、呂祖謙已經言及：

朱熹重修石鼓書院記：「予惟前代庠序之敎不修，士病無所於學，往往擇勝地，立精舍，以爲羣居講習之所。而爲政者，乃或就而褒表之，若此山，若嶽麓，若白鹿洞之類是也。」

呂祖謙鹿洞書院記：「竊嘗聞之諸公長者，國初斯民，新脫五季鋒鏑之阨，學者尙寡，海內向平，文風日起，儒生往往依山林，卽閒曠以講學，大率多至數十百人。嵩陽、嶽麓、睢陽及是洞爲尤著，天下所謂四書院者也。」

蓋儒生學者，遭唐末五代百十餘年之摧毀，不能安居講習，斯時即有一種向學的要求，故往往擇地立精舍，以爲羣居講學之所。北宋時書院制度逐漸建立，至南宋而書院制度盛行，爲當時教育之主幹。書院總數見於所獲資料中者，爲三百七十九所。創設年代可考者，北宋以前四所，北宋卅四所，南宋一百四十七所。（統計根據孫彥民宋代書院制度之研究）

又宋末蒙古興兵，士子流亡，地方官就建書院以居之，使有所養且以進修，如：

南陽書院及公安書院：「宋荊湖帥孟珙，因襄陽人士聚居於江陵，蜀士聚居於公安，乃建南陽、公安兩書院，以沒入田廬隸之，使有所教養。請帝題其榜焉。」（湖北通志卷五十九）

竹林書院：「在夔州府治東，宋嘉熹中知州孟珙建，以處襄漢流寓之士。」（四川通志卷七十九）

淮海書院：「在北固山鳳凰池（今江蘇鎭江縣），淳熙中太常少卿龔基先創建，宋理宗御書四字爲額，以居淮士之避地者。」（江南通志卷九十）

天門書院：「在大信鎭（今安徽當塗縣），宋淳祐六年守臣陳塏建，爲淮士流寓者肄業之所，置田以養之。」（安徽通志卷九十二）

喪亂之餘，政府尚能注意及於流亡士子，故宋代國勢雖弱，而風俗的醇厚，氣節的高亮，於書院講學制大有關係。尤其對宋代學術的發達，影響深遠。

再從另一角度來看，自隋唐開科取士制度樹立以後，多數讀書人本「學而優則仕」原則，羣趨於進士明經之途，祇矻矻於應試文字，不注意到眞實學問，士習雖不能說日媮，但多少已走入魔道。有心之士看不慣此種畸形發展，於是乃另尋途徑，而書院遂與州郡學校並馳了。還有一點，歷來官立學校都是有始無終的。開始之時，條例定得相當密，教官選擇相當嚴，學生待遇也相當優。可是日久玩生，漸漸腐敗，教官成爲昏朽的專缺，廩膳也化歸烏有，所謂儒學不過是春秋二季祀孔時一個釋奠習禮的處所，教育二字根本談不到了。因此，書院的責任便自然加重起來，而能永遠保持着繁盛。

書院自興盛之後，有的固以研究學問爲目的，也有的特別是州縣所設的書院，則以應舉文字爲重要課程。後者專門注意敲門磚，自然談不到學術，但前者對於發揚學術的功勞却非常的大。

學術的範圍，不用說在今日，就是從前也是非常廣泛。譬如經學、理學、史學以及天文、輿地、田賦、兵刑之類，都可包括在內。舊日書院規模無論如何大，也不能搜羅那末多的各式各樣的人才。所以祇就一二種去發展，那就可以有很大的貢獻。

初期書院，師資既不見得高明，組織也不怎麼宏大，學生前來，祇是唸唸死書，維斯文一線的命脈而已，發揚學術是做不到的。南宋以後，由於理學的興起，書院和學術的關係才密切起來。譬如朱熹知南康軍，白鹿洞書院幾乎成了辦學家的大本營。他本人雖說是以地方長吏資格玉成其事，並不是爲自己講學，但書院是他常到的，而且「每休沐常一造，與諸生質疑問疑，誨誘不倦，暇則相與優游泉石間，攄幽發粹，竟日乃返。」則其正藉機傳布學說，不問可知。朱熹不但自己講學，有時還要請名流學者來此施教，陸九淵講義利之辨，使聽者淚下，這個故事想是大家都知道的，不必細述。除了白鹿洞，嶽麓書院曾兩度有過朱熹足跡，第一度是張栻主持書院時候，第二次則是他來知長沙府；所以理學種子也撒了些。但這書院終以張栻的影響大，後來在該院主講的多屬張氏學派的傳人，甚而一度改稱南軒書院（南軒是張栻的號）。

據宋元學案述，南宋的書院，大半都成了理學家的演講所，有的且爲一個學派所獨據。譬如白鹿書院屬朱派，嶽麓書院屬張派，象山書院屬陸派，慈湖書院屬楊派。此外各派再傳幾傳的弟子，或私衷景仰的，也紛紛佔有一個或好幾個書院來發揚師道，如：王埜知建寧府，創建安書院，祠朱熹；陳宓常來往白鹿洞，後來仿洞規創延平書院；李芾知溫州，作虎邱書院以祠尹焞；這都是例證。元代程朱之學壓倒陸派，因之多數書院，講「尊德性」的便日見其少，而談居敬窮理「道學問」的便遍地皆是了。

明代中葉王陽明湛若水崛起江浙，陽明主張「致良知」，若水主張「隨處體認天理」。陽明說「格物」就是正自己的念頭，若水以爲如果不加以「學問思辨行」的工夫，則念頭之正否，無可依據，所以陽明謂若水爲求之於外。若水則心性圖說，外有大圈，謂心包天地萬物之外，裏有小圈，謂心是同時貫夫天地萬物之中的。中外是一事，天地無內外，心亦無內外，以與王氏頡抗。可是這兩派說法，都和當時官方所承認的程朱學派不對路，就中尤以王氏之學遠超陸九淵，更同朱學水火。但程朱之學已暢興二百多年，好些精蘊都發揮盡致，不能再有新的解釋。一般學者因爲吃膩了味道，於是相率走入王湛陣營，而這新起的理學遂大爲興盛。自然，他們會利用書院上來。大致說，從南宋孝宗以後，書院多變成各派理學家佈道之所，直到清代中葉，才漸爲他種學術所奪，它據書院首尾共有五百多年。

清初理學仍相當興盛，如容城孫奇逢，盩厔李顒，餘姚黃宗羲，皆遺老名宿，而崑山顧炎武之音韻史地等學，更爲清葉之開山祖師。雍正以後，宋明理學已日薄西山，起而代之者，則爲世人所知之漢學。迨乾隆嘉慶間，漢學達於高峯。學風丕變，於是書院的講席，遂由高談性理者，轉移於講考據一派之人士。如錢大昕主講於婁東與紫陽書院，而在紫陽有十六年之久。錢氏爲彼時第一流學者，天文、曆算、輿地、小學，無不通曉，而史學更俯視羣流，故出其門而成就者甚衆。錢慶曾（大昕之孫）在竹汀居士（竹汀係大昕之號）年譜續編有云：「公在紫陽最久，……一時賢士受業於門下者不下二千人，悉皆精研古學，實事求是，如李茂才銳之美術，夏廣文文燾之輿地，鈕布衣樹玉之說文，費孝廉士璣之經術，張徵君燕昌之金石，陳工部稽亭先生之史學，幾千年之絕學萃於諸公，而一折衷於講席。餘如顧學士薄，顧茂才廣圻，李孝廉福，陳觀察鍾麟，陶觀察樑，徐閣學頲，潘尚書世恩，潘戶部世璜，蔡明經雲，董觀察國華輩，不專名一家，皆當時之傑出者也。……」

除錢大昕外，當時各學者主講書院者尚多，雖時至晚清，國中學人如章太炎、康長素、蔡孑民、梁任公諸子，莫不曾在書院中講學。維新之初，浙之求是書院，蘇之南菁書院，皆有著名人士，講學其間，實開兩省新學之風，其他各地之新風氣，亦多由當地之書院倡導。說到此地，可見我國古代書院雖已成歷史陳迹，然其作育人才和對於學術的影響及貢獻，實有不可磨滅的價值，似不容否認的。

九、書院講學與學術的關係

書院爲我國古代私人講學之所，亦有因宿學鴻儒之主持，而望重士林，自成學派，對於學術之影響甚大。吳康氏曰：「中國故制書院制度，集文史硏究之長，爲專門講習之業，與希臘『亞加登美』（Academia）『利凱央』（Lykeon）相類似，自宋迄清九百餘載，書院庠序遍於郡邑，爲國家敎育之所，與今之學校同也。有時大師碩彥，講學其中，如宋之白鹿、嶽麓，明之東林，清之南菁、尊經、學海、萬木，皆敎育英才，主持風會，則柏拉圖之『亞加登美』，亞里士多德之『利凱央』，不得專美於希臘二千年前往史矣。」（劉伯驥廣東書院制度序）吳氏以中國書院與二千年前希臘之「亞加登美」、「利凱央」相媲美，可見中國書院制度，在學術史上有其重要性，玆試論之於下。

在隋唐以前，我國學者，多講學於私家，自宋代起，多講學於書院。而書院講學自由，蔚成一種風尙，歷經元明淸三代而不衰，實爲我國書院之一大特色，在文敎史上大放光輝，卽迄今猶爲人津津樂道者也。

書院有三大事業：一藏書，二供祀，三講學。藏書以備學者閱讀，供祀兼有宗敎性質，其最重要之事業則爲講學。講學之法，或官吏延師，或主持者自敎，或代以高第弟子，更有別請大儒爲臨時之演講者。

講學爲書院主要任務，與講學有關之敎材、敎學方式及技巧，實有一述之必要。

敎材：大抵漢朝以後之學校，主習儒家經典，書院自不能例外。「然宋代學者研究的對象與方法，完全與漢唐諸儒不同，今日所稱之宋學，又曰義理之學；但他們所講義理之學，並未包括六經全體，只有易經、論語、大學、中庸及孟子等書，爲他們研究的主要材料，有餘力則涉及他經。」（陳青之中國敎育史第二一〇頁）此語證之下列資料，更見其確實。

白鹿書院：「……子和五世祖，磨勘府君式，南唐時讀書此洞……今子和弟子徵之家，尙藏其手抄孟子、管子書，云是洞中日課也。」（朱子大全卷八十一，跋白鹿洞所藏漢書）

白鹿書院：「……聖賢所以敎人之法，具存於經，有志之士，固當熟讀深思而問辨之……。」（朱子大全卷七十四，白鹿洞書院揭示）

朱子在其「玉山講義」中與其徒程珙辨明孔子說仁、孟子兼說仁義之異同。（朱子大全卷七十四）

「尹穀字耕叟，長沙人……日未出，授朱子經及朱氏四書……」（宋元學案第一〇二〇頁）

石坡書院：「……石坡講學之語，實本師說，曰明誠，曰孝弟，曰顏子四句，曰曾子三省……」（宋元學案第八五六頁）

雲山書院：「……楊子謨……講學於雲山書院，與諸生敷陳孔孟大義。」（宋元學案第

八二三頁）

嶽麓書院：「木天駿字德遠……道出嶽麓書院，得聞南軒之教，遂嚮往之。日與諸生講明求仁之旨。」（宋元學案第五五〇頁）

「歐陽新……爲嶽麓書院講書。先生講禮記『天降時雨，山川出雲』一章……」（宋元學案第一〇一三頁）

「歐陽守道……爲嶽麓書院副山長。先生初升講，發明孟氏正人心、承三聖之說，學者悅服……」（宋元學案第一〇一二頁）

岱山書院：「……岱山講文公之學……」（浙江通志卷二十六）

上列諸例，除白鹿一院嘗以管子爲洞中日課外，皆不出陳之青氏所指出者。而僅此一例，亦爲南唐時所有；可知宋代書院所研究者，以儒家經典爲主，尤其是易經與四書。（孫彥民宋代書院制度之研究引）

教學方式：宋代書院教學方式雖無系統記載，亦不無蛛絲可尋。大抵官立書院則延名師。如：

嶽麓書院之延請張栻：「……本司侍講張公先生，往來其間，使四方來學之士，得以傳道、授業、解惑焉……」（朱子大全卷一目）

白鹿書院之延請張洽：「袁甫提刑江東，以白鹿書院廢弛，招先生爲長，曰：『是先師

之迹也，其可辭？』」（宋元學案第七六八頁）

私立書院則主者自講，如：

鶴山書院：「魏了公……以所聞於輔廣，李燔者開門授徒，士爭負笈從之。」（宋史卷四三七）

浮沚書院：「周行己，永嘉人，從伊川遊，成元祐進士。大觀間，築浮沚書院以講學。」（宋元學案第三五三頁）

其他陸象山講學於象山精舍，朱熹講學於武彝精舍，呂祖謙講學於麗澤書院，張栻講學於城南書院，更為人所共知。

或令高第弟子代講，或令先從高第弟子問學等，與今日之導生制類似。如：象山精舍中之鄧約禮、傅子雲；竹林精舍中之黃榦是。

「鄧約禮字文範，在槐堂中稱齋長。有求見象山者，象山或令先從先生問學。」（宋元學案第八九七頁）

「傅子雲字季魯……成童，登象山之門，以其少，使先從鄧文範，尋晉弟子位……天山精舍成，學者坐以齒，先生在末席，象山令設一席於旁，時命先生代講。……及出守荊門使居精舍，象山執手語曰：『書院事，俱以相付，其為我善永薪傳。』」（宋元學案第八九八頁

「黃榦字直卿，……熹作竹林精舍成，遺榦書，有『他時便可請直卿代即講習之語』。」（宋史卷四三〇黃榦傳）

亦有別請大儒爲臨時之演講者。如：

陸九淵講「君子喻於義，小人喻於利」於白鹿書院。

黃榦講「乾坤二卦」於白鹿書院。

他如方逢辰有石峽書院講義，張栻有麗澤書院講義，程若庸有斛峯書院講義，文山有西澗書院講義，可能爲臨時之講稿。（同前）

至於教學技巧，與個人之口才、學養有關，宋儒殆皆善於此者乎？如：

龍江書院：「……危稹字逢吉……知潭州……作龍江書院其上。既成，橫經自講，人用顏動。」（宋史卷四一五危稹傳）

學道書院：「……山長陳宗亮升堂講學，道愛人之義。堂講顏堯煥、胡應清分講論孟，衣冠森列，聽者充然。」（吳縣志卷二十七）

陸九淵講學於白鹿書院，「聽者至有泣下，熹以爲切中學者隱微深涸之病。」（宋史陸九淵傳）

總之，宋時書院之教學，或主持者之自講，或另聘名儒執敎，或別請大儒臨時講演，皆能啓發學者，使人感激奮礪。開講之時，衣冠森列，齊肅無譁。其感人之深，講習之盛，可

以想見。（同前）

元代書院之創始者爲太極書院，立於元太宗八年（一二三五）。據續通考：「自太宗八年，行中書省事楊惟中，從皇子庫春伐宋，收集伊洛諸書，送燕京，立宋儒周敦頤祠，建太極書院，延儒士趙復王粹等講授其間，此元建書院之始。」又據元史趙復傳：「楊惟中聞復（指趙復，下同）論議，始嗜其學，乃與姚樞謀建之（指太極書院）。嘗選取遺書八千餘卷，請趙復講授其中，樞既退隱蘇門，乃即復傳其學，由是許衡郝經劉因皆得其書而尊信之，北方知有程朱之學自復始。」故終元之世，書院之學亦不外講求程朱之學而已。

觀元代書院之多（著名者不下百數，見於續通考者已四十有一），可知元雖以蒙古入主中國，而教育之權，仍操之吾族儒者之手。而宋儒講學之風，雖易代不衰，亦可見矣。

宋元之世，自有國學及府縣之學，而此外又有書院者，蓋學校多近於科舉，不足以饜學者之望，師弟子不能自由講學，故必於學校之外，別闢一種講學機關。其官立者，雖有按年積分之制，而私家所設，或地方官吏自以其意延師講授者，初無此等拘束。故淡於榮利志在講求修身治人之法者，多樂趨於書院。此實當時學校與書院之大區別也。

宋元之間，書院最盛，至明而寖衰。其後國學之制漸隳，科舉之弊孔熾，士大夫復倡講學之法，而書院又因之以興。自王陽明以良知之學，聚徒於軍旅之中，於是東南景附，書院頓盛。陽明講學之所，若龍岡、貴陽、濂溪、稽山、敷文等書院，既皆隨處經營，隱然以復古學校爲己任。丙戌歲盡，嘗與董澐守歲書舍，尤見其講學之勤與感人之深。而同時湛若水亦築西樵精舍，建白沙書院，與陽明相應和。（王文成年譜、明儒學案董澐傳）若水與陽明同講學，而旨趣各別，一時學者遂分王湛之學。若水教法，士子之來學者，先令習禮，然後聽講。陽明教法，士子初至者，先令高第弟子教之，而後與之語。要皆有一定之程序焉。（明史湛若水傳、明儒學案）

萬曆卅二年，顧憲成罷官南歸，就無錫東林書院（宋時程門弟子講學之所），加以修葺，與高攀龍等講學其中。天啓初年，鄒元標與馮從吾又在北京宣武門內建立首善書院，用爲京都人士講學之所。參與此兩院者，多爲蹇諤一流之人物，談性理之外，不免批評朝政，卒以忤魏閹，首毀京師書院，而天下之書院俱毀矣。此卽歷史上有名之東林黨學案。崇禎初，忠賢伏誅，公論始明，書院有詔修復，儒者復立書院講學，劉宗周之證人書院，其尤著者。

書院有會講式書院，有考課式書院，而明以會講式之書院爲盛。（明史、明儒學案、東林書院志均有記載）因學有不同，所以尙會講也。（見明儒學案呂涇野先生語錄）至明儒講學，除書院外，尙有寺觀祠宇之集會，月有定期，以相砥礪。（見王文成年譜）王陽明門人，集會尤盛；徐階在靈濟宮集會，聽講者有數千人之多。（見明史羅汝芳傳、明儒學案徐階傳）當時講學鉅子，如錢德洪、陳時芳、王畿，所至之處，集會開講，至老不衰。隨事擧示，亦無安法。（見明儒學案耿定理傳）樵夫、陶匠、農工、商賈，無人不可聽講，無人不可講學。(見明儒學案)此實爲前古所未有之盛況。

書院舍講學而尙考課，論者謂其風始於明，而獨盛於清。然淸代書院亦有以講學爲主旨者。唯宋元明書院之講學，多爲性理之學，以程朱或陸王爲宗，淸代書院之講學，多重漢學，此其不同也。

淸代書院方式，可分爲三類：一爲講求理學之書院，一爲考試時文之書院，一爲博習經史詞章之書院。淸初各地方之書院，如二曲之於關中，習齋之於漳南，張蔡之於鼇峯，沈史之於姚江，皆明代講學之書院之法也。雍正中直省皆建書院，以屏去浮囂杜絕流弊爲宗旨，故主之者不復講學，第以考試帖括頌佈膏火而已。其後如阮元之創詁經精舍及學海堂，黃體芳之建南菁書院，以及俞樾劉熙載朱一新等之掌敎各書院，皆以博習經史詞章爲主。與專試時文之書院固不同，亦與講求理學之書院異趣焉。

淸代書院講學，猶存明代會講之風，東林、紫陽、還古、姚江之講會爲最盛。(碑傳集章學誠成性傳及先正事略高彙旃先生事略)書院講學多大師，淸初北則孫夏峯，南則黃梨洲，西則李二曲，時論以爲三大儒。雍正乾隆間，邵叔𡨥、盧抱經、姚惜抱負海內重望。嘉慶道光間，獨推李兆洛，桐城姚公瑩以爲東南講學，先生一人而已。咸豐同治間，李聯琇、俞樾，蔚然爲東南大師，爲盧抱經、姚姬傳以來諸儒所不及。此外有唐鏡海，咸豐元年，文宗下詔求賢，召赴闕，奏對稱旨，銜命回江南主書院講席，矜式後學，亦爲世所重也。(先正事略及碑傳集）要之，在書院講學除宿學鴻儒外，尚有地方賢令，親詣書院，躬爲講解者，如褚儀封撫閩時，月三四至書院躬爲講論。爾時閩學大興，窮鄉僻壤，翻然勃然，至今風聲猶昨（見學案小識）。施愚山遷湖西道參議，暇日講學景賢、鷺洲兩書院，偶會期，有具牒請質者，先生曰，此講習地，聽訟有官署，令就坐，講長幼有序，極陳兄弟之恩，忽末坐二客相持大慟，各出袖中牒燔之。居亡何，以裁缺歸，士民醵金建龍岡書院，留先生講學三日乃去，父老遮道不可輿步而登舟，忽香哭送者數千人。（先正事略）而李禮山、王世勳、楊以增、張鎭南諸公，於猺苗處之地，剏建書院，暇親與講說，尤爲難能。（學案小識）

觀以上所引之史料，足以徵知宋代以後書院講學之盛況。雖時至晚清，國中學人如章太炎、康長素、蔡孑民、梁任公諸子，莫不曾在書院中講學。維新之初，浙之求是書院，蘇之南菁書院，皆有著名之士，講學其間，實開兩省新學之風，其他各地之新風氣，亦多由當地之書院倡導。總之，我國書院重視講學，且極自由，歷經數代而不衰，是則今日歐美學府之自由講學精神，似不能專美於前矣。

自由講學爲我國書院之一大特色。而書院由於大儒講學，蔚爲風氣，學者沉潛學問，人才輩出，故書院不僅爲一教育場所，且成爲人文淵藪。其對學術影響之重大，不言可喻。吳康先生曰：

「中國固制書院組織，集文史研究之長，爲專門講習之業，與希臘『亞加登美』（Academia）『利凱央』（Lykeon）相類似。自宋迄清九百餘載，書院庠序徧於郡邑，爲國家教育之所，與今之學校同也。有時大師碩彥，講學其中，如宋之白鹿、嶽麓，明之東林，清之南菁、尊經、學海、萬木，皆教育英才，主持風會，則柏拉圖之『亞加登美』，亞里士多德之『利凱央』，不得專美於希臘二千年前往史矣。」（劉伯驥廣東書院制度序）

吳氏以中國書院與二千年前希臘之「亞加登美」、「利凱央」相媲美，可見中國書院制度，是中國教育史上之創製，同時在中國學術史上亦有其崇高地位。

書院之所以興盛，大都本王應麟說法，認爲向學之士無合適學校可入所致。王氏曰：

「漢初郡國往往有夫子廟而無校官，且不置博士弟子員；其學士嘗課試，供養與否，闕不見傳記。然諸儒以明經教於其鄉，率從之者數十百人，輒以名其家，……則今書院近之矣。前代庠序之教不修，士病無所於學，相與擇勝地，立精舍，爲羣居講習之所。爲政者就而褒表之，若嶽麓白鹿洞是也。」（玉海一六七）

蓋儒生學者，遭唐末五代百十餘年之摧殘，未能痛快以講學，斯時即有一種向學之要求，故往往擇勝地立精舍，以爲羣居講習之所。再從另一角度觀之，自開科取士制度樹立以後，多數讀書人本學而優則仕原則，羣趨於進士明經之途，祇矻矻於應試文字，不注意眞實學問，士習雖不說「日媮」，但多少已走入魔道。有心之士看不慣此種畸形發展，於是乃另闢途徑，而書院遂與州郡學校並馳矣。

書院自從興盛以後，有的固以研究學問爲目的，也有的特別爲州縣所設者，則以應舉文字爲重要課程。後者專門注意敲門磚，自然談不到學術，但前者對於發揚學術的功勞却非常之大。

學術的範圍，不用說在今日，卽從前亦非常廣泛。如經學、理學、文學以及天文、輿地、田賦兵刑之類，皆可包括在內。舊日書院無論規模如何大，亦不能搜羅那末多的各色各樣的人才。所以祇就一二種去發展，那就可以有很大的貢獻。又人才是間出而不是世出的，一個書院第一次請來的山長是個經學家，但第二次便不一定能聘到經學家，說不定是位史學家。因之，書院的學風每難保持其一貫性。好在，不論經學家或史學家，他們旣都成「家」，自然都會給學生以適當啓發，而學術就無形流播出來。

初期書院，師資旣不見高明，組織亦不如何宏大，學生前來，祇是讀些死書，維斯文一線命脈而已，發揚學術是做不到的。南宋以後，由於理學的興起，書院和學術的關係始密切起來。如朱熹知南康軍，白鹿洞書院幾乎成爲辦學家大本營。他本人雖說是以地方長吏資格玉成其事，並非爲自己講學，但書院是他常到的，而且「每休沐輒一造，與諸生質疑問難，誨誘不倦。暇則相與優遊泉石間，攄幽發粹，竟日乃返。」則其正藉機傳布學說，不問可知。朱熹不但自己講學，有時還要請名流學者來此施教，陸九淵講義利之辨，至使聽者淚下。除白鹿洞，嶽麓書院曾兩度有過朱熹足跡，第一次是張栻主持書院時，第二次是他來知長沙府，多少撒下理學種子。但這書院終以張栻的影響大，從來在其間講學的，多屬張氏學派傳人，甚而一度改稱南軒書院（南軒係張栻號）。

據宋元學案所述，南宋的書院，大半都成為理學家的宣講所，有的且為一個學派所獨據。如白鹿書院屬朱派，嶽麓書院屬張派，象山書院屬陸派，慈湖書院屬楊派。此外各派再傳幾傳的弟子或私衷景仰的，也紛紛佔有一個或好幾個書院以發揚師道，如王埜知建寧府，創建安書院祠朱熹；陳宓常來往白鹿洞，後來仿洞規創延平書院；李芾知溫州，作虎丘書院以祠尹焞；這都是例證。元代程朱之學壓倒陸派，因之多數書院，講「尊德性」的便日見其少，而談居敬窮理「道學問」的便遍地皆是了。

明代中葉王守仁湛若水崛起江浙，王主「致良知」，是為陽明學派。湛主隨處體驗天理，是為甘泉學派。這兩派都和當時官方所承認的程朱學派不對路，就中尤以王氏之學遠超陸九淵，更同朱學水火。但程朱之說已暢興二百多年，好些精蘊都發揮盡致，不能再有新的講解。一般學者因為吃膩了味道，於是相率走入王湛陣營，而這新起的理學遂大為興盛。自然，他們會利用到書院上來。

大致說，從南宋孝宗以後，書院多變成各派理學家佈道之所，直至清代中葉始漸為他種學術所奪，據書院首尾共有五百多年。

清初理學還相當興盛，如容城孫夏逢，盩厔李顒，餘姚黃宗義，都是遺老名宿，而崑山顧炎武之致力音韻史地等學，更是清學的開山祖師。雍正以後，宋明理學已日薄西山，起而代之的則爲世人所知的漢學。到乾隆嘉慶間，漢學達於高峰。學風變了，書院衹好隨着走，於是山長院長之銜，遂由高談性理的頭上移戴給講小學考據的人了。譬如錢大昕曾主講於婁東和紫陽書院，而在紫陽有十六年之久。錢氏是那時第一流學者，天文、曆算、輿地、小學，無不通曉，而史學更俯視羣流，由他所教導出來的人着實不少。

除錢大昕外，當時名學者主講書院的很多，不勝枚舉。

從乾嘉直到光緒，各省督撫好風雅的，對書院也十分重視，最著稱的前有阮元，後有張之洞。阮氏每駐節一處，卽盡力散佈文化種子，如詁經精舍和學海堂，都有很好成績。而張氏廣雅書院，亦有名於時，因之他得了個「廣雅」別號，而廣雅叢書，到現在仍能與於佳本之林。

在藉書院提倡古學之外，又有用它發展文學的。光緒年間，桐城古文鉅子吳汝綸主講保定蓮池書院，一時河北有不少人受其影響，學作方姚一派的文章。吳氏是詞章家，不以考據見長，所以在他山長任內，所印的書率屬採自左史的古文選讀，在作研究上是沒有什麼大用的。

總括起來說，初期書院衹作到供人有書讀的地步，談不到發揚學術。宋以後書院逐日加多，一部分以造就科擧人才爲職志，與學術無干，其對學術有貢獻的衹是那些爲學問而學問的書院。這類書院，由南宋至清初，大體多爲各派理學家所盤據，所以對於理學的傳佈功勞很大。清代雍乾以來，理學勢力銷沈，漢學取了主要地位，書院講席也歸於講考據的一派人士。因此清儒之學，藉書院以發揚的也特別的多，不論是經學，是小學，是史學，是輿地之學，是天算之學，藉書院以發揚的也特別的多。至於憑以播散文學風派的，其效力也不能說小，譬如到現在還能見到以乞靈吳摯甫先生（汝綸字）而自豪的。故千年後之今日，追思自宋以來書院講壇之盛，不僅使中國學術延續而發皇，且能另闢蹊徑，開創自己的天地，多采多姿，厥功至偉。

十、書院史料拾遺

宋元明清沿襲唐制，都以科舉取士，學校漸成爲考試的準備，或廪膳的取給機關，眞學問的傳授却在書院。北宋四大書院爲嵩山的嵩陽書院，商邱的應天書院，盧山的白鹿洞書院，長沙的嶽麓書院。南宋則嶽麓和白鹿洞兩書院繼續存在，與象山書院、麗澤書院，併稱南宋四大書院。明代湛若水創白沙、新泉、新江、大科等書院。王陽明則有龍岡、貴陽、濂溪、稽山、敷文諸書院。陽明歿後，其弟子到處設立書院，並往來各地，集會講學，謂之講會。講會公開，聽衆有樵夫、陶匠、農、工、商賈，影響很大。明末著名書院，在京師有首善，在江南有東林。東林書院講學之外，還批評政事，引起黨禍。迨滿清入關，明儒嚴於民族大義，匡復不成，隱遁沒世，仍以書院講學，啓迪後人。如黃宗羲的證人書院，王夫之的船山書院，顏元的漳南書院。總之，書院創始於北宋，使民間講學成制度化，後世相沿成風，書院之設遍全國，如孤懸海外之台灣，在清代亦有崇文、海東等書院之設立，想見其盛。

近年來，常見時人間有發表其本省舊日之書院情況者，雖殘山賸水，勝蹟難尋，然遺風餘韻，依稀可認。此類資料，不啻吉光片羽，彌足珍貴，用特轉介於此，以供同好，或足以一發思古之幽情歟？

河南省的書院

河南省位於黃河中游，爲我國古代文化之發源地。洛陽、開封又皆爲我國古都。是以人文薈萃，文化發達極早，而歷代於河南各府、州、縣又多提倡。設有儒學（舊時府廳州縣之教官）、貢院（考試之所）、書院、義學、社學等，均爲讀書研究之所。

自唐朝以迄晚清書院在河南設置最多。其大者，殿、堂、齋、亭，規模具備。並供祀至聖孔子或亞聖孟子，或其他夫子，定期舉行儀典。學子在此不僅磨穿石硯，學貫古今，而且還須正心、修身、養正氣、法完人。

惜黃河含沙太多，淤積日深，黃河經此出山地入平原，河水流速驟增，又急轉改向東流。自古河南多水災，黃河改道亦多在此區。歷代書院沒於水者，爲數甚多。水旱災後，民生維艱，書院毀於戰火者亦有。幸歷代知府、知縣等多提倡教育，協助重建書院。因此河南地方，歷代人才輩出。至民國後，文風仍盛。

民國以來，振興教育，學生日增，各地普設學校，授新式教育。古代所建之書院，其建築良好可利用者，則擴建爲學校，其年久失修不可利用者，亦保古代書院遺址，作爲古蹟，供人參觀，或供文化團體應用。至抗戰之前，歷代書院有遺址可考，或有文學記載者，仍有一百卅餘處，其中有歷史最久的麗正書院，與全國四大書院之一應天書院等。若以朝代來分，則唐、宋、元、明、清各代所建的書院，均有遺址發現。按書院之遺址考察，建於宋代者八至十所，建於元朝者十四所，建於明朝者七十五所，建於清朝者卅四所。

是以河南境內，幾乎每縣均可發現古代書院遺址一處或數處。如寶豐縣商酒務鎮（古代稱雙酒塢）有一春風書院，爲宋代程顥、程頤兩人講學之處。據考證，後人在春風書院遺址，又建明道書院，以程氏等明道淑人爲己任。在河南省境內，除寶豐縣外，在洛陽、開封及其他地方尚有兩程書院、二程書院、明道書院等多處，以紀念兩夫子。（摘錄王清源：「河南省的書院」，中原文獻三卷三期）

河南嵩陽書院

在我國名山中，五嶽是最著名者。居五嶽之中的中嶽嵩山，也是古代極有名的一座名山。在詩經上就有讚曰：「嵩高維嶽，峻極於天。」嵩山位於河南省古都洛陽的東南，登封縣的境內。

嵩山的特色，在其氣勢雄渾，矗立於中原地區，在兩百里外，就可以望見山勢的起伏姿態，令人有高山仰止之思。入山以後，更能體察出它的浩大縹緲，含蓄雄渾的氣勢。

嵩陽書院是山中的一大勝蹟，院在北魏時爲嵩陽寺，由北魏孝文帝所建，至唐代改爲嵩陽觀，爲道士修行之所。嵩山是道家勝地，昔日道觀甚多，多已湮毀不存。到五代時周代改建爲太室書院，宋太宗至道年間，始爲嵩陽書院。宋代中大儒程顥、程頤均曾在此講學，爲極盛時代。元代復易名爲嵩陽宮；明嘉靖年間，又恢復嵩陽書院名。清代康熙時重建，迄今廊廡多已殘破不堪，千餘年來，歷盡滄桑。在昔年和河南睢陽書院，湖南岳麓書院，江西白鹿書院，並稱全國四大書院。

書院大門外有一方高達五六丈的唐代石碑，名曰聖德感應碑，建於唐代天寶年間，碑文爲李林甫所撰，徐浩八分書，也是嵩山有名的碑石之一。此碑已有一千二百年的歷史，仍頗完整，摹搨者甚多。書院前後，植有不少的古柏，最著名的有「漢封柏」三株，皆爲先秦時代的故物，傳係漢武帝登山時所封。稱號以次爲大將軍柏、二將軍柏、三將軍柏。在河南通志暨登封縣志均列入古蹟部門記載，其中二將軍柏已燬於雷火；三將軍柏在前院，六七人方可合抱；大將軍柏在後院，上歧下合，由於年代久遠，樹幹已中空，遊人可由樹身中穿進穿出，樹幹高聳入雲霄，一枝低垂，形如虬龍，可和泰山五大夫松媲美。柏旁有石碑多塊，皆爲唐宋名人所題字。

唐代許多詩人文士，都愛到嵩山隱居，如盧鴻、李泌、王維等都是。古今名士人才題詠極多，名山的雄奇和歷史的高風亮節，永遠垂於不朽。（節錄郭嗣汾：「嵩嶽正得天地心」一文中之一段，中央月刊六卷一期）

河北蓮池書院

保定蓮池書院始建於清雍正十一年，總督李衞奉朝命立學，選擇勝地，修建講堂。蓮池本是蒙古初年，大將張柔鎭保定時修的，事在十三世紀初葉。保定一帶，水深土厚，冬春雨量稀少，所以常以乾旱爲苦。保定城南的清苑河，源出滿城東部的鸛距泉一畝泉，平地湧出，冬春不變，滙爲清流，縈帶省城。張柔鑿通保定西城，把河水引入城內，曲折廻環，由此水門放出。蓮池地處城內，有活水浸灌，澄平如鏡，圍以萬縷千條的垂柳，點綴上亭臺樓榭，異卉奇花，假山苔石，噴泉霧密，成爲當地僅有的勝景。乾隆十五年，總督方觀承，更大加修治。高宗南巡，屢次臨甜，御頒萬卷樓，蕊幢書院匾額。復有御製蓮池詩和蓮池十二景詩，更增加它的聲名。臨漪亭，君子長生館、柳塘、西溪、北潭，春花秋月，雪夜霜晨，旖旎而靜穆，絢爛而自然。詩情畫意，處處使人留戀陶醉。

光緒初年，貴筑黃彭年主講蓮池，頗倡導古學。冀省荒陋，少見古書。黃慫恿定縣富豪王灝刻畿輔叢書，計先印書二百廿二種，一千五百多卷，開雕在保定，由王樹枏胡景桂主持選書，錢恂黃國瑾負責校訂。用款不過白銀一萬兩，收穫却不可計量。張裕釗於光緒九年到十四年繼黃氏作蓮池山長。他本來以書法古文知名，看他的「策蓮池書院諸生」（濂亭遺集卷三），小學聲韻，金石考據，經今古文異同，典章制度等，無所不問。輿圖講到西法測量，考古知今的重輕，兵制談到兵農分合，內外文武的制衡，實在是博訪周諮，目光如炬。

光緒十四年春，吳汝綸接掌蓮池山長的後任，亦爲蓮池最後一任山長。吳氏以桐城派古文名家，晚年轉向實學，點勘子史。爲新學張目，序嚴復的天演論。與美國羅大夫往還，全家保健均篤信西醫。庚子事變，他被指目爲二毛子，忽遽避地鄉間得免，書院亦被焚燬。亂後書院雖經修復，而吳於辛丑條約後一年（一九〇二），受任京師大學堂總教習，六月赴日本考察，蓮池弟子及其子弟，紛紛赴日本留學。「出東洋」成爲風氣，劫後的書院，依然柳綠花紅，而風流雲散，遂成爲歷史的存在了。（節錄梁容若：「蓮池書院」，五十三年十一月十日中副）

江西鵝湖書院

鵝湖位於江西廣信府鉛山縣境內，在我國自東晉以來，歷唐、宋、明諸朝，均聚居過許多學者，曾經是一個文化中心。而朱熹與陸象山的鵝湖之會則更是我國學術界一件影響深遠的盛事。

廣信府志一上云：「大義寺左爲四賢祠。」此實爲大義寺的附屬寺左，卽仁壽寺左，爲四賢祠。祠爲信州刺史楊汝礪所建，乃鵝湖書院之始。以後屢有修學。明代宸濠之亂，兵燹之餘，書院房屋，全部毀壞。清康熙癸亥年地方官潘士瑞曾予修理。康熙乙未年，令尹施德涵大加修建，其時李光地之重修鵝湖書院記云：

「書院之建，實爲國家學校，相爲表裏，李渤高士爾，朱子猶惓惓焉。今使先賢遺址，煥然重修，江右故理學地，必有遊於斯，而奮乎興起，以紹前賢者。」

鵝湖書院在鵝湖寺，卽仁壽寺之左，而鵝湖塔則在鵝湖書院之左。還有鵝湖書院的大門，不在正中，而在左，所以正對着鵝湖塔。書院四周有山有溪，風景如畫。

鵝湖書院比鵝湖寺大得多，建築很有點像孔廟，由大門進去，經過兩排桃樹，有一個大圓門，圓門內有一個大院子，對面又是一個大圓門，上面是三排殿宇，由此登石階而入，又是一個院子，裡面是半月池，池周圍是石欄杆。渡過石橋是第一排殿宇，再過一個院子，是第二排殿宇，其最後一排殿宇，是四賢祠。祠前也是一個院子，祠後則是一個相當高的坪臺，其下有一小池，其後是一座高牆，正對那兩大圓門間的北端高牆。這三排殿宇是主屋。在主屋兩旁，又是一排一排的房屋，對日抗戰時，那裡辦了一個東南訓練團，曾容納一千多位將校學員。比較起來，鵝湖寺是小得多了，好像是在一個角落裡。

在鵝湖書院後面之四賢祠內，有朱呂二陸四個牌位，又有一個匾額，題着「頓漸同歸」字樣，這和書院前排建築中所懸「道學之宗」的御匾，正遙遙相對，由此亦可略窺朱陸鵝湖之會，對整個中國文化之影響。（節錄程兆熊：「從鵝到鵝湖之會」，六十六年四月廿日中副）

江蘇南菁書院

南菁書院在江蘇省江陰縣城內中街，本長江水師京口營游擊署故址。光緒十年甲申（一八八四）江蘇學政黃體芳捐廉議創，仿詁經精舍例（詁經精舍見後引），專課經學古學，以補救時藝之偏。兩江總督左宗棠助成之。建屋六進，後有觀星臺，第四進樓上貯各省局刊書籍，中間供鄭朱兩先儒栗主。內課生每年正月，由學政分經古兩場甄別錄取。經學附以性理，古學附以天文算學輿地史論，經廿名，古卅名，經古並取者只作一名。餘額則調取歲科兩試連列三次一等者補之。每名月給膏火錢五千文。經古月課，每年各十次。經張文虎主講席，先生博大宏遠，既以經學小學曆算樂律立其本，泛濫以及其他，莫不洞悉源流，燭見幽隱。黃以周繆荃孫繼之。黃先生主張博文約禮，實事求是，道高而不立門戶。繆荃孫主古課，與黃接講席者兩年。沖如雲如，粹然儒者，時時請益，反覆詳告，不憚煩也。十一年學使王先謙准在院中設局彙刊皇清經解續編，越兩載全書告成，都一千四百卅卷，體例一倣院刻皇清經解。又刊南菁叢書一百四十四卷，南菁札記廿卷，南菁講舍文集六卷，藏板院中。廿年龍湛霖繼任，諸生膏火增為十千文，又擇最優者為正副齋長。廿三年瞿鴻禨繼任，明年政府力圖變法，命各省大小書院一律改為中西兼習之學堂。瞿以南菁雖在江陰，而入院肄業者，乃全省人才所萃，奏請照省城書院例，改為高等學堂。

南京惜陰書舍

道光十八年（一八三八），總督陶文毅公立惜陰書舍於南京盋山園，課士經史經賦，不及制藝。有優獎，無膏火。月一試之，公自捐廉一萬兩，發典生息焉。經亂廢。

蘇州學古堂

蘇州學古堂，在滄浪亭可園故址，光緒十四年布政使黃彭年創建。定額內課生十八員，外課生不限額。課程以經爲主，由諸生自報專經外，旁及小學四史文選算學等，每月繳日記一册，由山長詳定等次。前列者酌給獎金有差。歷屆山長，吳縣雷浚、慈谿林頤山、吳縣袁寶璜，均由藩司訂聘。光緒卅年改爲存古學堂。

上海龍門書院

上海龍門書院，同治四年（一八六四）巡道丁日昌創設，而應寶時踵成之。在上海城南也是園中。發策論主敬說，義利辨，開濬瀏河考三題，諭蘇松太三屬學貢生童，直抒所見，繕寫送學，錄十餘人。延顧廣譽主講席，顧定規程，諸生各置行事日記册，讀書日記册，分一日爲晨起午前午後燈下四節。大要以晨起午前治四子各經及性理，經須俟一書精熟，然後再讀一書。性理每日讀數章。午後讀史記綱鑑，及各家之書。專取一書，從首讀起，不得雜亂。或旁通時務，須有實際。有餘力或作文辭（須當於理，不得作閒雜詞章），或習書法（須端楷）。燈下或兼及科舉之業（宜多讀先正闡發義理之文）。雖間有參差，總以緜密無間為主。每日行事，按候記於行事冊。讀書有心得有疑義，按日記於讀書冊。不得託故不記。逢日之五、十呈於師前，以請業請益，每月課文一次，歲終甄別，以驗所學之淺深。其後萬清軒劉中允（熙載）先後主講，劉主講最久，十四年間，終日不倦。每五日必二問其所讀何書，所學何事。講去其非，而趨於是。每午師生會堂上請益考課，寒暑無間。誦讀之外，終日不聞人聲。有私事乞假，必限以時，莫敢逾期不歸。丙夜劉或周視齋舍，察諸生在否。其勤密如此，故士論尤協。途遇其徒，望而知為院中人。劉沒後，院規漸陵替。

上海詁經精舍

上海詁經精舍，同治十二年（一八七三）沈仲復觀察所專設。自分廉俸以給諸生膏火。課士不尚詩文，專講史，與龍門書院實相表裏。精舍中廣儲書籍，無一弗備，使士子沈菲其中。俞樾楊泗森相繼為院長。（以上均見陳東原：「中國教育史」）

浙江西湖詁經精舍

書院中之有意提倡經古學，實以阮元創建之浙江詁經精舍為嚆矢。嘉慶初年，阮元督學浙江時，聚諸生於西湖孤山之麓，成經籍訓詁百有八卷；及撫浙，遂以昔日修書之屋五十間，選兩浙諸生學古者讀書其中，題曰「詁經精舍」。顧名思義，即知其特重經古而排斥制舉。阮元與孫淵如（星衍）王述庵（昶）迭為主講。孫星衍詁經精舍題名碑記云：「其課士，月一番，三人者迭為命題評文之主。問以十三經三史疑義，旁及小學天部地理算法詞章，各聽搜討書傳，條對以觀其識，不用扃試糊名之法。」是對於課士辦法，一大改革。其教授則「暇日聚徒，講議服物典章，辨難同異。」又與重科舉之書院大異。阮元云：「聖賢之道存於經，經非詁不明。漢人之詁，去聖賢為尤近。譬之越人之語言，吳人能辨之，楚人則否；高曾之容體祖父及見之，雲礽則否；蓋遠者見聞終不若近者之實也。」（阮元西湖詁經精舍記）故所重在漢學，而所崇仰者為漢儒。嘉慶五年（一八〇〇）五月，因奉許叔重鄭康成木主於舍中而祀之。祀典之在書院，原居重要地位。然自朱子興復白鹿洞奉祀周濂溪程明道，宋末及元明清初之書院，莫不祀奉理學儒者。其祀鄭許，實詁經書舍開其端。其後各地書院，亦間有奉祀鄭許，或同時奉祀朱鄭者。但理學空氣，無論如何，已被打破不少。（引同上）

四川成都尊經書院

四川在明末，經流寇之亂，張獻忠入蜀肆意屠殺，人文為之摧殘。清初四川的學者，有新繁費密，和達縣唐甄。費密流寓江蘇泰州，傳其父經虞之學，師孫夏峯，著宏道書，抨擊宋儒，實爲思想界革命的急先鋒。唐甄避地吳縣，著潛書，頗闡名理，洞知時務。二人皆終老江蘇，故影響於四川本土的關係，又不如晚清主持成都尊經書院的張之洞、王闓運創導蜀學之功爲大。原來清初對於士風的摧抑，不遺餘力，順治年間，清廷藉口學子結黨游談，下令禁止。於是書院生徒，唯以習八股文爲制藝，抱殘守闕，斤斤圖得科舉仕進爲務，既無濃厚的學術空氣，又沒有民族國家的思想。當時四川的士子，也同受清廷教育政策的愚化，專求舉業，竊取青紫。自同治十二年（一八七二）張之洞任四川學政，著輶軒語、書目答問，教蜀士以讀書方法，四川人士，研究學術之風氣於是復興。他在成都創設尊經書院，自訂章程，聘請王闓運爲山長。闓運的經學詞章，素爲海內所景仰，他由湘入蜀，即有「蜀即吾家」的志願，決心以教育蜀士爲志。他的毅力，畢竟實現了他的期望，凡四川督部將軍，皆執弟子禮，雖司道側目，而學士無不歸心。

清代的書院爲官立性質，其目的在造就治術人才，家人送子弟入書院，也爲預備做官。闓運力糾前弊，講實學，講義理，終於把士風轉變。他致周保三書云：「帖括之學，一第爲榮，既得入官，又須折磨，壯年銷耗，白髮心灰，正途之誤人甚矣。」湘綺樓日記云：「范生溶來談經史之業，勸其早勤學，恐登第則不暇矣。」他教人去富貴，專經史，這種風氣一開，尊經學生都競趨實學，在四川教育上樹立不可磨滅的價值。（節錄柳定生：「近代四川

的人文」，四川文獻一三九期）

成都墨池書院

墨池書院，爲成都省城內有名的數座書院之一。其中尊經書院，係由四川總督同學臺主持，在省際及省內較有名氣。墨池書院，由成綿道成都府成都縣與成都紳耆主持，多年來亦人才輩出。墨池位於成都青龍街，範圍甚廣，池中貫一長橋，橋上及池沿岸均種柳。池旁有子雲亭，係西漢時代名儒揚雄字子雲的讀書著書故址，墨池傳卽揚氏洗墨池。揚氏著書甚多，「揚子法言」，爲兩千餘年以來闡明儒學法學名著，人所共知。揚氏又曾造作奇字，卽本大篆小篆隸書，以成古文的變體，彷彿今日的美術字。「野客叢談」載有「劉棻從揚雄學書奇字」。「蜀中名勝記」載子雲亭內舊有米顛書「墨池」兩字刻石。又王勃詩：「亂竹開三徑，飛花滿四鄰，從來揚子宅，別有尙元人。」岑參詩：「吾悲子雲居，寂寞人已去，涓涓西江水，猶照草元處。」（揚雄讀書故址青龍街，古地名草元堂）

兩詩均係追憶揚雄刻石亭址，以後在兵亂中毀去。清代以來，多年就揚宅故址建立墨池書院，卽爲紀念揚氏。後因清政府將廢科舉，興教育，革新讀書方法，趨向科學，遂就墨池書院改建爲成都學堂。（節錄孫震：「成都、古天府、墨池書院」，四川文獻一三三期）

湖南衡陽船山書院

王船山先生歿後，衡陽士紳於光緒四年，遵學政朱逌然面諭，創船山書院於南城外。十年，彭玉麟因院址逼近城市，湫隘囂塵，殊不足以安弦誦，乃將書院改建於湘水中之東洲。（見光緒十一年三月十五日彭剛直奏請改建船山書院片）該書院係集衡、永、郴、桂府州所屬學貢，肄業其中。凡延聘師儒，整飭院規，給發膏獎，皆歸衡州分巡道主持其事。其肄業生，先由巡道扎飭各府縣及各學，共司詳塡舉報，並出具切實考語，送道應試。每年定期二月初旬，由道甄別一次，再復試一次以定錄取，分爲超、特、一三等。書院掌教山長，外省籍貫者亦可，惟學問名望素優者，由其本籍士紳，商請關聘，不得徇私人濫薦，亦不得掌教不到院致送乾修。書院延師獎士動用經費，由衡、永、郴、桂士紳捐集。東洲院地，則爲彭玉麟所捐。原南城外之書院舊址，改爲船山祠。船山書院後改船山中學，未悉船山精神依然存乎哉。（節錄海外閒人：「關於王船山與船山書院」，六十一年十月九日中副）

廣州學海堂

嘉慶十二年（一八一七），阮元巡撫廣東，更極力提倡經古，風氣又一振。阮元於道光元年（一八二一）設經古課以試，後四年於廣州城北粤秀山建學海堂書院。道光六年（一八二六）落成。以沙坦舖地佃租及現銀四千兩存息，作堂中經費。不設山長，派吳蘭修等八人爲學長，同司課士。其有出仕等事，再由七人公擧補額。學者有教導之責，肄業生得於學長八人中擇師而從。肄業生亦由公擧，長住者僅十名或十餘名。每歲分爲四課，由學長出經解文及古今詩題，限日截卷，評定甲乙，分別散給膏火。課業則各生於十三經注疏及史記、漢書、後漢書、三國志、文選、杜詩、昌黎集、朱子大全等，自擇一書肄業，各書備有日程簿，簿首註明某書，以後按日作課，塡註簿內。各因資性所宜，或先句讀，或加評校，或鈔錄精要。學者稽其疏密，正其歸趨。此種辦法，已完全以經史爲主，廢除科擧課試之制。同時又刊刻皇清經解一千四百卷，及學經室集學海堂集諸書。故自學海堂成立後，書院之風氣大變。（見陳東原：「中國教育史」）

又據五鳳樓「學海堂與曾勉士」一文中云：「咸、同以還，朱次琦既傳其九江學派，陳澧又傳東塾派。澧號蘭甫，著東塾集、東塾讀書記，學者稱東塾先生。其學以通經致用爲主，調和漢、宋之學。胡元玉、于式枚等皆其徒也。珠江隄上照霞樓，爲東塾授經處，斜陽流水，江上歸帆，流霞如錦，風景頗佳。東塾手書『濠上』二字尙存。」「東塾之學，悉本之阮元。阮之督粵，以粵人不治樸學，創學海堂以訓士，東塾遂爲高材生。然學海堂之設，雖始創於阮元，導之而成者，實爲曾勉士（釗）。勉士早歲授業，篤嗜訓詁、考據之學。後受知於阮元，留督署內司校刊之職。勉士建設立學海堂之議，即以勉士爲學長。粵東經學、訓

詁，倡於阮元，而實導於勉士。」（見三藩市少年中國晨報附刊）

廣東廣雅書院

廣東廣雅書院，南皮張孝達尚書督粵時，闢以課士，己丑孟多（一八八九）朱一新自端溪移主斯院，院規先讀書而後考藝，重實行而屏華士。仿古專家之學，分經史理文四者，延四分校主之。而院長受其成焉。諸生文賦以日記册記，質疑問難之語於其中，而院長以次答焉。（義烏朱一新無邪堂問答序）

又據菊齋「萬木森森一草堂」一文中云：「光宣間，有梁鼎芬者，番禺名太史也，入翰林，年少氣盛，憤李鴻章爲簽訂不平等條約之全權代表，上書劾其十大罪狀。鴻章爲北洋大臣，歷任疆圻，爲清廷之重臣，舉足輕重，誰敢劾之者，而梁太史卒不顧利害，激怒慈禧太后，遂遭革職，貶爲庶民。時南皮張之洞督粵，獨賞識之，公餘則過梁宅，打詩鐘爲樂，創建廣雅書院，亦與之商討，卒定西村焉。及張南皮調督兩湖，保奏梁，開復原官，並委爲武昌兵備道。蓋梁氣節錚錚，大才桀桀，不易得者也。」（見三藩市少年中國晨報附刊）按梁與廣雅書院之設立有一段因緣，故亦轉錄於此。

康南海萬木草堂

康祖詒，字有爲，一字廣厦，南海西樵人，世稱南海先生。光緒間公車上書，請德宗變法，不報，返粵，講學於穗垣大塘街長興書舍。時廣州神童陳千秋，新會梁啓超，助教於學海堂。陳以南海先生倡言變法，爲非聖非法，率衆之康館而欲毆之。南海先生屹然不動，勸其少安無躁，勿過衝動，並婉言請坐下辯論，誰是誰非，辯論至深夜，仍滔滔不絕。最後，南海先生剖析中外大勢，中國非變法，必罹瓜分亡國之禍。陳幡然覺悟，前嫌頓釋，立卽跪地拜師，願爲弟子。迨後勸師廣拓黌舍，收納多士，南海先生從其言，乃遷館廣府學宮仰高祠，易名萬木草堂。至萬木草堂取名之義，以爲將傾之大厦，必須萬木之扶持，而非一木所能勝任，故欲集天下英才而教之，冀其學成，羣策羣力，以救中國，抱負之高，有如此者。由是負笈來遊者，實繁有徒，盡是優秀之士。時梁啓超亦轉入康門，執弟子禮。陳與梁年最輕，聰穎不相伯仲，可惜陳早去世，人知梁而不知陳耳。時新會盧湘父以諸生，承父命，遊其門。厥後南海先生與梁均領鄉薦，新會陳子褒（榮衮）同榜，名次第五，高於南海先生，竟拜南海先生爲師，科舉時代有此，最罕見而難能也。其中以梁成就最大，故南海先生有詩曰：「南州講學開新派，萬木森森一草堂，誰識書生能報國，中華人物數康梁。」果也，翌年上京會試，南海先生成進士，梁則爲正主考陸潤庠所壓，落第。南海先生繼續上書請變法，得帝師翁同龢轉呈德宗，遂有戊戌維新運動。梁則受湖南巡撫陳寶箴之聘，主持時務學堂爲總教習，倡言變法，蔡鍔卽其時之得意門徒也。由是康梁之名不脛而走矣。可惜變法不成，引起政變，百日維新，供人太息。廣東梁鼎芬太史對南海先生仰慕而嘆其功敗垂成，曾對萬木草堂詠之以詩，其詩云：「牛女星辰夜有光，樵山（南海西樵山為二大名山之一）雲氣鬱蒼蒼，九流浩浩誰眞派？萬木森森一草堂。尙有羣賢尊北海，更無三顧枉南陽。廣州學府宮前路，憔悴行吟太可傷！」（引同前）

臺灣省的書院

臺灣書院之設置，沿自明制。自清康熙四十三年知府衞臺揆創建崇文書院始，以後與時俱增。有清一代，全臺計有書院卅七處，其負盛名者，如臺南之崇文、海東、蓬壺、奎樓。鳳山之鳳儀。阿猴之屛東。嘉義之玉峯、羅山。鹽水港之奎璧。彭湖之文石。南投之藍田。彰化之白沙。鹿港之文開。雲林之龍門。苗栗之英才。新竹之明志。臺北之明道、登瀛、學海。基隆之崇基。宜蘭之仰山等書院是，遍及各地。就設置年代言，以乾隆、嘉慶、道光、光緒代為盛。而清初康雍間所設者僅四處。自乾隆實施敎育改進政策後始普遍成立。蓋因書院負地方文運實際推進任務也。至就地域分佈言，書院以臺南為獨多，他處則較少。

臺灣書院所訂規制，大體與閩省同。蓋臺灣居民泰半為閩籍，其所建書院亦多取則於八閩，尤以受福州鼇峯書院之影響特大。而書院必崇祀朱子神位，並配祀其他古聖先賢，此係宋代初置書院時即開其端。因書院之制，多創自朱子，且渠一生多在閩講學，敎化普及八閩，其轄屬之臺灣，自當受其影響至深且鉅，宜其永爲先師也。迨道光四年，臺灣北路理番同知鄧傳安，於鹿港文開書院朱祠兩旁配享沈光文、徐孚遠、盧若騰、王忠孝、沈佺期、辜朝薦、郭貞一、藍鼎元等八賢。傳安尋調臺灣知府兼分巡臺灣兵備道，復於府城崇文書院配祀八賢。考其用意，不過望讀書士子有所崇拜效法之人而已。實則我國眞正之書院教育，係人格教育，至其倡導學術自由研究之風氣，及知識之傳授均餘事耳，主要在育成偉大高尙之人格也。（林藜：「臺灣書院」，蕉陰雜話）

草屯登瀛書院

登瀛書院於清道光廿七年十月，由南投縣草屯鎭居民莊文蔚、洪濟純等人向北投堡內士紳殷戶募款籌建，十一月施工，翌年十二月落成，距今一百卅年。書院有一正殿，東西兩側廂房。正殿供奉文昌帝君外，並奉祀孔子、制字先師、魁斗星君、朱衣星君、金甲神及福德正神。兩邊廂房充爲教學場所，由地方士紳聘請教師，負傳道、授業、解惑的任務。由於書院四週盡是農田，環境幽雅，是讀書最佳場所，造就人才不少。

嗣因缺乏經費，年久失修，牆壁傾頽，直至光緒九年才由李定邦提議，請玉峯社、北投堡、華英社、碧峯社等地方人士資助重修，院舍煥然一新，繼續傳出琅琅的讀書聲。

可是好景不常，中日甲午戰爭，滿清把臺灣割讓日本後。日人禁止臺灣同胞學習漢文，弦歌中輟，書院被廢除，地方人士僅以文昌祠之名稱呼之，以避日人耳目，遂得以存續下來。

臺灣光復後，地方人士組織一個管理委員會，由信徒投票選出管理人。現佔地約一百坪，維持經費全靠鎮公所補助，每年秋節舉行一次祭典。現南投縣政府，為充實登瀛書院設備，保存歷史古蹟起見，有報請省府撥款補助之說云。（「古蹟登瀛書院應予保存」，見三藩市世界日報駐臺記者林嵐專訪）

和美道東書院

在全國上下逐漸造成古蹟保存的風氣中，本省各地具有歷史價值的建築，陸續的為熱心人士所發現。大約一年前，省文獻會的林衡道先生建議我去看看和美道東書院。道東書院在和美也已經被大家以孔廟視之了，所以提起道東書院，當地人並不清楚。因地方不大，在市鎮邊緣，總算找到。這書院改為孔廟也是日據時代的事，因為大殿上所懸的那幅孔子畫像，似乎出於日本人的手筆。

據院內碑文記載，道東書院是前清咸豐年間所興建。這段時期正是鹿港一帶的全盛期，臺灣的經濟力量北移，而和美雖不能與鹿港爭長短，卻因相距僅數里之遙，也分潤一些繁榮氣息是毫無疑問的。但和美到底是不太發達的市鎮，書院的興建顯然沒有官方的協助。地方士紳也只是富裕的商人，特別是在對福建泉州的貿易中獲利甚豐的米商。（和美近海，曾否有船隻與大陸直接往來，待考。）自書院興建後，和美地方似乎也不曾造就出取得功名的讀書人。據碑文的記載，書院建成後，地方人士恐怕也沒有充份利用。大概因爲建成不久，鹿港地區重要性因港口淤塞而急轉直下，影響到和美之故吧。建築的規模並不很大，但建築尚稱精美。（漢寶德：「訪和美道東書院」見六十六年五月十八日中副）

在民國成立以前，國內各地多有書院之興建，在海外亦有設立者，如美國舊金山（現稱三藩市）之大清書院是。現一併介紹於下：

大清書院最初設在沙加緬度街七七七號木樓上，接受清廷津貼，設正副教習兩名，都是由國內聘請有功名的學者如擧人秀才之類人士擔任。上課時間，由下午四時半至九時。因爲日間僑生要到遠東學校去上課，星期六遠東學校無課，大清書院便延長了授課時間，由上午九時至下午九時，那時學生還不很多，大約六十餘人，分兩班上課，因爲有清廷津貼經費，故學費減收每月五角，課程和私塾無異。

大清書院曾經出過一個秀才，名叫張愛蘊，他於一八九二年入大清書院肄業，後來回國考入兩廣學堂，讀了四年，廿一歲時考中秀才。

一九〇六年舊金山大地震，僑衆利用清廷救濟賑款，在士德頓街興建中華總會館大廈，大清書院便在樓上開課，學生不少。

一九〇八年，清廷內閣侍讀梁慶桂來美考察，擧人曹勉並同來，曹氏留在大清書院教書，梁氏則巡視全美各地僑社教育。他在沒有書館地方鼓勵興學，今日僑界華文教育相當普及，多爲梁氏當年鼓吹之功。

國父領導革命，推翻滿清之後，大清書院之名，亦隨專制政權而取消，更名爲中華僑民公立學校。目前位於中華總會館旁邊勝利堂樓上的中華中學，就是由中華僑民公立學校演變出來的。（見「大清書院與梁柱」一文中，載六十六年二月十七日三藩市世界日報）

有關我國過去各地書院之資料，限於閱讀範圍，搜羅尚不完備，但一鱗片爪，亦足以供研究書院制度者之參證。所謂滄海不擇細流，其此之謂歟？

十一、中國書院制度對韓國的影響

我國書院制度，確立於北宋初而盛於南宋，此一制度以後曾傳入韓國。南宋亡（一二七九）後的二百六十二年，就是西元一五四一年，韓國歷史上第一所白雲洞書院建立於慶尙道豐基郡，自南唐白鹿洞書院建立（南唐昇元間）年代算起，約爲六百年後的事情。

韓國人金相根先生，前些年曾留學我國，在政治大學敎育研究所修獲碩士學位，所著「韓國書院制度之研究」，係碩士論文，經嘉新水泥公司文化基金會出版。該書關於我國書院制度與韓國的關係，言之綦詳，爰簡介其書中要點於次，以見我國古代之優良文物制度傳入近鄰各國者不少，此其一例耳。

一、韓國書院制度之起源與發達

「書院」二字，在韓國歷史上，早在新羅末年卽有其稱。但那時的書院，並非學校，而是掌管國家機密事務之機關。

三國史記載云：「崔彥撝年十八入唐遊學……四十二還國爲執事侍郞瑞書院學士。」（三國史記卷第四十六，列傳第六崔致遠條）

高麗史亦載云：「年四十二，始還新羅，拜執事省侍郎瑞書院學士。」（高麗史卷九十

二，第十頁，崔彥撝條）

三國史記載云：「五年二月，改稟主爲執事部，仍拜波珍竹旨爲執事中侍，以掌機密事務。」（三國史記卷第五，新羅本紀第五，眞德王條）

依據以上所引資料，可知「書院學士」，與「執事中侍」同樣爲當時在「部」或「省」內，掌機密事務之官，與後世之書院毫無關係。

後來高麗朝又有書院之名稱，然而該時書院亦非學校，而是與後世的圖書館相類似。

高麗成宗九年（西元九九〇）十二月，載曰：「秦皇御宇，焚三代之詩書，漢帝應朝，闡五常之載籍。國家草創之始，羅代喪亡之餘，鳥跡玄文，燼乎原燎，龍圖瑞牒，委於泥途。累朝以來，續寫亡篇，連書闕典，寡人自從嗣位，益以崇儒，踵修曩日之所修，繼補當年之所補。沈隱士二萬餘卷，寫在麟台，張司空三十車書，藏在虎觀，欲收四部之典籍，以畜兩京之府藏，青衿無閱市之勞，絳帳有執經之請。使秦韓之舊俗，知鄒魯之遺風，識父慈子孝之常習，兄友弟恭之懿訓。宜令所司，於西京開置修書院，令諸生抄書史籍而藏之。」（高麗史卷之三，第二二頁）（增補文獻備考卷二百二，學校考，四頁）

由上所引，可知高麗朝的書院制度，與後世圖書館相類似，並無學校性質，亦無祭祀先賢的祠宇。可推知此制度係模倣中國唐朝集賢書院、麗正書院，及宋代新修書院。

到了李朝初期，開始有學校性質的書院制度，與後日的書院頗爲類似，但無祭祀先賢的祠宇。所以此類書院，亦與後來的書院稍有區別，而不可稱爲韓國書院的開端。

世宗實錄載云：「世宗卽位年（西元一四一九）十一月己酉條其有儒士私置書院，敎誨生徒者，啓聞褒賞。」（世宗實錄第二卷，第二頁）

世宗時，所謂「書院」者，如高麗朝的「書齋」、「書社」與李朝後期的「書堂」、「書室」等，爲單純的講學之所，並無奉祀先賢之規定，在韓國史上，正軌的書院負有教學與奉祀先賢的雙重使命，以白雲洞書院爲其嚆矢。

增補文獻備考載云：「東國初無書院，中廟壬寅，故參判周世鵬爲豐基郡守－豐基屬縣順興－有高麗文成公安裕舊居，世鵬遂卽其基，創立紹修書院以爲士子藏修之地。」（增補文獻備考卷二百九，學校考九，二十一頁）

二、韓國書院之貢獻與影響

白雲洞書院建於慶尙道豐基郡，時爲中宗三十六年（西元一五四一年），爲韓國歷史上第一所書院。若自中國南唐白鹿洞書院建立年代算起，約爲六百年後的事情。論時間，雖然比中國較遲，但後來的發達却勝過中國。而且在韓國歷史上，如教育、社會、政治、國民思想等方面，均有極大影響。

韓國書院制度，原係模倣中國書院制度，類似或同一之點甚多，自不待言。如同以儒家學說爲中心，同以經典爲教材，同爲有組織之法團所設之學校等是。但不同之點亦多：第一、中國書院以教育爲主，以奉祀先賢爲輔，韓國書院似多以奉祀先賢爲主，以教育爲輔。第二、中國書院奉祀先賢，以德望崇高並於聖學有貢獻爲唯一或主要的標準，而韓國書院奉祀之先賢則並及事功有成就者。當然事功有成就之人，亦有德望崇高並於聖學有貢獻者，不過中國書院之選擇先賢似多以後者爲主，很少或全無以事功爲主者。第三，中國書院雖同以儒家學說爲中心，但並不一定崇拜儒家某派之學說，而韓國書院似以朱子學派爲宗主。第四、韓國書院所受國家之優待，似較中國書院爲多；例如院田之免稅，院奴之免役，皆爲中國之無有者。第五、韓國書院所發生之流弊，似較中國書院爲較多；例如干涉國政、壓迫農民，廣占農田，妨礙稅收，廣收院奴，妨礙兵役等等流弊，在中國不能說全無，但絕不若在韓國之嚴重。

如前所述，韓國的書院，雖然在後期，於政治、經濟、社會各方面，發生極大的流弊，遂免不了撤廢的命運，但它留在韓國教育史上的重要貢獻，則不能抹煞。

李朝中葉，燕山君的暴政與士禍相繼而起，儒學殿堂「成均舘」（太學，置於漢城）改爲宴樂之所；四學（中學、西學、東學、南學，亦置於漢城）頗爲荒廢，鄉校（置於各州府縣）逐漸衰微，書院代替官學，容納師生，專心治學，爲國家培養人材，故韓國李朝巨儒李洸先生說：「非惟士之爲學得力於書院，國家之得賢者，必於此矣。」（增補文獻考卷二百士，學校考九，二頁）此語足以明示書院在韓國教育史上的重要。書院自高麗時代開始，乃因民間流行的私學，日漸制度化而形成者（李炳壽著國史大觀三九一頁）。由是更足以證明書院制度雖來自中國，亦爲因應韓國之需要而產生，負有教育士子之重任。

書院制度產生以前，儒學家們往往視政治與學術爲一體而不分。（李相柏著韓國史近世前期篇五六四頁）自書院制度發達後，學者以書院爲樂園，捨政界而歸書院，專心修治，傾力教學，使學術能夠有限度的脫離政治而獨立發展（國史大觀三九二頁）。結果，培育出徐敬德，李彥迪、金麟厚，李滉、曹植、奇大升、李珥、成渾、張顯光等（玄相允著朝鮮儒學史六七—一四一頁、韓國史近世前期篇六九一—七〇〇頁）優秀的儒學家，而確立朝鮮儒學家之體系（國史大觀三九一頁），尤其他們受朱子的影響最大，對性理之論，樹立空前絕後的成績（前提書六十一頁）。故後人認此期爲朝鮮儒學之黃金時代（朝鮮儒學史一四二頁）。此更足以說明書院對韓國教育史之重大影響。

但極其遺憾者，當時盛行於中國（明朝）的「陽明之學」剛剛輸入半島，開始萌芽，那些只明程朱之學的儒學家，對「陽明之學」不予接受，故日後，韓國的思想界不免有單純的篤守一家之說而缺乏多采多姿的發展（前提書二七四—二八三頁）。

書院制度，除在韓國教育史上具有重大意義之外，對韓國民族史，亦有兩方面的影響，即一爲對政治方面的影響；一爲對社會方面的影響。

當時的書院普及全國各地，爲新進學者之集團，亦是地方學術的中心。書院之儒士傾向於思想與理論方面的檢討，而以形而上學的哲理（性理學）爲研究主題。對上則批評與糾正中央政治的錯誤，對下則支配農民，以此理論，間接地形成了李朝政治上的一種支配體制（朴慶植著朝鮮的歷史一一八頁）。所以，若說李朝中期以後三百五十年的政治，完全受書院之控制，亦不爲誇張。

玄相先生說：「儒學思想，對韓國民族全體思想與生活上的影響，實爲巨大。因爲，韓國民族，受儒學的影響而改變了思想和民族的性格。」（朝鮮儒學史四頁）

他解說：「以三綱五倫爲根本思想的儒學，爲韓國的國家與社會上，做了很大的貢獻，因此家族和睦，忠孝輩出，社會秩序整頓，男女風氣振張。」（前提書五頁）

根據玄相先生所論，足證儒學在韓國地位之重要。可知到了李朝中期，書院發達，而在其影響之下，儒學逐漸變爲宗教的形態，「儒教」遂爲國人所信奉，觀念與體式，根深蒂固，因此後日李朝末年，新興的宗教（東學教），與西進的宗教（新、舊教），皆視爲邪教，而其被迫害之事實，筆難盡述。

三、韓國書院之撤廢

自中宗三十六年（西元一五四一年）周世鵬於豐基郡，建立白雲洞書院。明宗九年（補元一五五四年），賜額制度開始以來，明宗、宣祖、光海君，一直至於仁祖末年（西元一六四六年），約百餘年，書院在國家保護之下，無任何障礙，全國到處自由建立。後來，朝廷逐漸聞知其濫設之現象，設法防止，要求儒林於建立書院之先，應得國家之准許。及仁祖二十三年（西元一六四六年），國家開始干涉其設立，最後至高宗八年（西元一八七一年），書院全被撤廢，只留四十七所。至今尚存者僅有玉山書院、陶山書院、紹修書院、崧陽書院幾所而已。因韓國書院規模不大，且多設於偏僻之地，無法改為現代學校，結果至今仍存之幾所書院，皆變為名勝古跡和觀光之所。

總之，書院制度為整個的韓國的教育制度之一部分。韓國有史以來，國土即與中國毗連，兩國關係至為密切。就中國文化傳播而言，韓國所受的影響，比任何國家都早。以學校制度為例，早於高句麗小獸林王二年（西元三七二年），即已開始建立太學，教育子弟。以後在韓半島上，雖然改朝換代有許多次，但每朝的學校制度之範圍，只是各種制度之傳入，時期有先後不同而已。

根據上述，可見韓國書院制度，係受我國書院制度影響而建立，有其相同處，亦有其相異處，但大致皆類似，最後雖同遭撤廢之命運，然影響兩國文教之深遠，則為吾人所無法否認者。

附錄一

清初講學書院之三大師

書院講學多大師。清初北則孫先生夏峯，南則黃先生梨洲，西則李先生二曲，爲最著名，時論以爲三大儒。三大儒不僅學問淵博，且極富民族思想，在其著作中屢屢見之。讀其書者，多受其刺激，而起排滿之思想，清末之種族革命，實受其影響不小。故論者有謂中國國民革命的指導原則是三民主義，三民主義國民革命的遠源在明末清初，一般志士仁人抗清戰爭與反清復明運動。組織的基礎在會黨，思想的根源是黃梨洲諸大儒的言論。可謂確切之論。茲略述清初三大儒的生平與學術如次，以供參考。

一、孫夏峯

先生名奇逢，字啓泰，號鍾元，河北容城人。生於明萬曆十二年（1584），卒於清康熙十四年（1675），享年九十二。晚年講學於蘇門之夏峯，學者稱夏峯先生。其學以愼獨爲宗，經學理學，俱有獨見，明廷及清廷十一次徵召，均不出，時人稱曰徵君。

「先正事略孫夏峯先生事略」，述先生之經歷甚詳，錄之於後：

先生諱奇逢，字啓泰，一字鍾元，直隸容城人，晚講學蘇門之夏峯，學者稱夏峯先生。時畿內盜賊數駭，先生率子弟門人，入易州五公山，結茅雙峯，戚族相依者數百家，乃飭戎器，偫糗糧，部署守禦，又以其暇賦詩習禮，絃歌聲相聞，寇盜屏跡。天下士識與不識，皆稱曰徵君。晚歲渡河，慕蘇門百泉之勝，且爲康節魯齋講學地，水部郎馬光裕奉以夏峯田廬，遂移家，築堂曰兼山，讀易其中，率子弟躬耕，四方來學願留者，亦授田使耕，所居成聚。始先生與鹿忠節講學，以象山陽明爲宗，晚更和通朱子之說。其持身務自刻礪，而與人無町畦。每晨起謁先祠畢，澄心端坐，雖疾病未嘗有惰容，有問學者隨其高下淺深，必開以性之所近，使自力於庸行。居夏峯廿五年，卒年九十有二。河南北學者，歲時奉祀百泉書院，易州學者，就故宅爲雙峯書院，而容城與劉靜修、楊忠愍同祀，保定與孫文正鹿忠節並祀。子博雅最知名，時從徵君遊者日衆，有數百里或數千里至者，君設榻供食，各課其宜。徵君晚年重聽，諸弟子問難，必藉君轉達，反覆開示不厭。

又「碑傳集方苞孫徵君傳」，有類似記載，可以印證，亦引錄於次：

孫奇逢字啓泰，號鍾元，北直容城也。先是高攀龍顧憲成講學東林，海內士大夫立名義者多附焉。及天啓初，逆閹魏忠賢得政，叨穢者爭出其門，而目東林諸君子爲黨，由是楊漣左光斗魏大中周順昌次第死廠獄，禍及親黨，而奇峯獨與定興鹿正、新城張果中傾身爲之，諸公卒賴以歸骨，世所傳范陽三烈士也。其後畿內盜賊數駭，容城圍困，乃攜家入五公山，門生親故，從而相保者數百家，奇逢爲敎條，部署守禦，而絃歌不輟。國朝定鼎，以國子祭酒，徵有司敦趣，卒固辭。移居新安，旣而渡河，止蘇門百泉，水部郎馬光裕奉以夏峯田廬，遂率弟子躬耕，四方來學願留者，亦授田使耕，所居遂成聚。居夏峯廿有五年，卒年九十有二，河南北學者，歲時奉祀百泉書院，而容城與劉因楊繼盛同祀。保定與孫文正承宗，鹿忠節善繼並祀學宮。天下無知與不知，皆稱曰夏峯先生。

近人陳青之所著中國敎育史，其中曾謂先生的思想是融和考亭與姚江爲一的，且近於甘泉一派，恰是明末思想界的產品。不過他的敎育生活影響於淸朝初年很大，凡淸初的北方學者，差不多大半受其洗禮。至先生講學生活，自二十九歲起，到老死爲止，綜計六十餘年。在京師講學二次，一自廿九歲至三十二歲，約五年，一自三十八歲至三十九歲，約二年。在易州雙峯及百樓間，往來講學，共六年，自五十五歲至六十歲。到了晚年，六十七歲時，慕蘇門百泉的勝景，又遷到夏峯，隱居講學了二十五年。除此以外，或在故里，或在江村，往來講學，約計二十餘年。其敎育要旨在「明道理做好人」。他說：「古人讀書取科第，猶第二事，全爲明道理做好人。」（敎子家訓）好人是什麼樣人？自低一層說，做到忠厚和平循規矩的士紳階級，便是好人。自高一層說，好人便是聖人。他在「四書近指」序上說：

或問學何爲也哉？曰：「學爲聖人而已。」曰：「聖人可學而能乎？」曰：「可。」

孟子曰：「乃所願，則學孔子也。」曰：「仲尼日月也，猶天不可階而上也，烏能學？」曰：「日在天之上，心在人之中，天與日月不可學，亦學吾之心而已。心以天地萬物爲體，欲在日用飲食之間，故曰不離日月常行內，直造先天未畫前。盡心知性以知天，而聖人之能事畢矣。」

人心卽天地之心，愚民與聖人莫不相同。不過聖人天理常存，能盡此心，愚民多半被物欲充塞，不能盡此心。假令吾人能夠明得道理，就可以盡心知性；能夠盡心知性，就可以知天，就可以與天通，就可以學到聖人。「故爲天地立心，爲生民立命者，聖賢之事也。」（語錄）

吾人雖渺小，而此身關係很重，「前有千古，以身爲承；後有千古，以身爲垂。」（語錄）此身既然有這樣重的關係，所以敎育爲必要。尤其兒童敎育尤關重要，因爲吾人一生之爲好爲壞，全在兒童時期所受的敎育如何。他敎誨他的孫子說：

「孩提知愛，稍長知敬，此性生之良也。知識開而習操其權，性失初矣。古人重蒙養，正以愼所習，使不漓其性耳。今日孺子轉盼便皆長成，此日蒙養不端，待習慣成性，始思補救，難矣。」（家訓）

關於敎人的方法，先生採取誘掖與磨鍊兩種。對於初學的人，施行誘掖法；對於學力較深的人，則施行磨鍊法。（語錄）

先生的此種修爲論，就是討論做人的工夫，也可以說是求學的工夫。講論雖多，約之不外「隨時隨處體認天理」八個字。這八個字的表面雖與湛甘泉所舉相同，但闡發義蘊的地方，不盡相同。他說：

「問學下手處？曰：日用食息每舉一念，行一事，接一言，不可有違天理拂人情處，便是學問。隨時隨處體認此心此理，人生只有這一件，所謂必有事也。」（語錄）

「學人用功，莫侈言千古，遠談當世，喫緊處只要不虛當下一日。自子而亥，時雖不多，然事物之應酬，念慮之起滅，亦至變矣。能實實首察，有不處非道富貴之心，有不去非道貧賤之心常常不放，則自朔而晦，而春而冬，自少而老，總此心之積也。一日用力而力足一日，一日不用力而心放矣。澄心靜觀，自子而亥，至者幾時，放者幾時，此際戒愼之功，豈容他人着力。」（語錄）

所謂「隨時」就是當下一日，「隨處」就是眼前一着，「體認天理」就是切實省察自己的行爲，以求無違天理與拂人情之處。在當下一日的眼前一着，打點清楚，不使有絲毫放肆，不使有絲毫不合於天理人情。但這種工夫，不是靜的觀察，是動的體認，是要從「日用食息」上面切實體驗出來。在日用食息上隨時隨處用力，終身行之而不懈，這才是夏峯的修爲工夫。若是離開了日用食息，或是侈言千古，遠談當世，或是悠悠忽忽，空言一貫，皆與夏峯的意旨不合。這種工夫尙實際不尙空想，重躬行不重口說。理想雖高，口說雖巧，而未嘗躬行實踐過，就不是實在的學問，所成就的人材就非有用之材。「古人喫飯着衣，便是盡性至命，吾人談天論地，總非行己立身。」（勵學文）這兩句話，便足以概括他的修爲主義。

黃梨洲

先生名宗羲，字太冲，號梨洲，浙江餘姚人。生於明萬曆卅八年（1610），死於清康熙卅四年，享壽八十六歲。晚年號南雷居士，別署雙瀑院住持，自稱梨洲老人，世因尊之爲梨洲先生。

先生父親諱尊素，字眞長，號白安，東林黨人，天啓間御史，因劾逆閹魏忠賢及熹宗保母容氏而削籍，逆閹啣恨東林，圖施報復，乃興大獄，羅織黨人，白安公遂遇害，死詔獄；其後逆閹伏誅，追謚忠端。忠端公生五子，先生居長，五子中著者三人，卽先生與弟宗炎字晦木，宗會字澤望。

先生研讀經史餘暇，兼習武事，成爲文武全才。年十九，嘗草疏懷長錐入都，想爲父報仇，值逆閹已服典刑，先生才奉父柩返里，折節讀書，治外聖內王的學問。到崇禎年間，吳中倡爲「復社」（乃學術研究團體，含復興經學的意義），以網羅天下士，高才宿學，多出其間，主之者爲張受先張天如；東浙爲馮留僊鄴僊昆仲，枹鼓相應，聲氣相求。其中楷模之士，文章足以追古作，議論足以衞名敎，裁量人物，譏刺得失。執政者憚而忌之，以爲東林之繼起，當時浙中文彥雲集，慈水有姜耑愚、劉瑞當、甬上則有陸文虎，姚江則是先生與兩弟晦木、澤望，參加復社後，無月無四方之客，亦無會不畢集羣賢，於是交遊徧天下，文風乃蔚起，經學於焉大昌，志節於焉培育百通。

清兵入關，先生偕二弟集合黃竹浦子弟數百，恭迎魯王監國於嵩壩，號「世忠營」，屯兵江上，對抗清軍，終以衆寡不敵，入四明山結寨自固。就在此時認識了兵部左侍郎王翊，在其「四明山寨記」一文內，對他推崇備至，雖大勢已去，而先生睠懷恢復之志，迄不稍衰，更毅然東渡日本求援（著有日本乞師記），從此先生的交遊，不僅屬意士人，而日益推廣到三教九流了。先生納交所以不限品流，實出網羅天下志士的深心，觀其文集不以集題名，而以南雷文「案」見稱者，是自言其中事跡，更可見其文中所說，莫不歷歷有一段公「案」在，特於篇扉揭示之也。

先生的著述最有名者爲「宋元學案」、「明儒學案」，及「明夷待訪錄」。前者爲中國有系統的學術史，後者爲先生之政治理想。關於前者，非本文所能盡述，容另文論之，現在僅談後者。

「明夷待訪錄」全書的總目不過十三篇，而於君臣之道、文武之資、教育、財經、地政、軍事、吏治、閹宦，論列無遺。大抵就其政治思想鍼砭明季時政，但其中自今日視之猶新，足以一述者，則爲原君、原臣、置相數篇乎？

原君篇稱述爲君之道，必須「出不以一己之利爲利，而使天下受其利；不以一己之害，而使天下釋其害。」此卽禮運篇天下爲公之旨，亦卽　國父政治思想之所宗。「其人之勤勞，必千萬於天下之人。」是說爲君者乃役於人，非以役人，並非享受，「夫以千萬倍之勤勞，而己又不享其利，必非天下之人情所欲居也。」是說古之人視人君之鄭重，非有大仁大智大勇，抱定大犧牲之精神者不克出而任之，故先生將古之人君分爲三類：一、「自量而不欲入者，許由務光是也」；二、「入而去之者，堯舜是也」；三、「初不欲入而不得去者，禹是也」。所以古有禪讓而無爭奪。

「後之爲君者不然，以爲天下利害之權皆出於我；我以天下之利盡歸於己，以天下之害盡歸於人，亦無不可，使天下之人，不敢自私，不敢自利，以我之大私爲天下之公，始而慚焉，久而安焉，視天下爲莫大之產業，傳之子孫，受享無窮。」是指「家天下」的制度實行以來，把爲君的出發點弄錯，蔽於私欲，於是視天下爲我之產業，人民乃我之奴隸，傳子而不傳賢，歷代相因襲而潛移於無形，於是與三皇五帝之政體相悖謬，成爲君權至高無上之局，而不可復矣。

「此無他，古者以天下爲主，君爲客。」卽孟子所謂：「爲國者，民爲重，社稷次之，君爲輕。」之說；亦卽如今：「以國民爲重，政府次之，公僕爲輕。」的眞正民主精神，又重申前述天下爲公之意。

「今也以君爲主，天下爲客」，偏偏與古相反，這就是出發點的錯誤。

「凡天下之無地而得安寧者，爲君也，是以其未得之也，屠毒天下之肝腦，離散天下之子女，以博我一人之產業，曾不慘然。曰：『我固爲子孫創業也。』既視天下爲產業，則不得不出之攘奪，於是朝代之更替，成爲戰爭之根源；於是天下騷然，人民塗炭，永無寧日矣。」

「其既得之也，敲剝天下之骨髓，離散天下之子女，以奉一人之淫樂，視爲當然。曰：『此我產業之花息也。』然則，爲天下之大害者，君而已矣！」其痛恨苛政之情，溢於言表。

「嗚呼！豈設君之道，固如是乎？」恨之不已，申之以太息，資之以懷疑，「古者，天下之人愛戴其君，比之如父，擬之如天，誠不爲過也。」以君有己飢己溺之心，視民如子，「今也，天下之人怨惡其君，視之爲寇仇，名之爲獨夫，固其所也。」此即「君視我如草芥，我視君如寇仇」，乃必然之理，而小儒規規焉，以君臣之義無所逃於天下之間，至桀紂之暴，猶謂湯武不當誅之，而妄傳伯夷叔齊無稽之事。」此等立論是何等眼界？何等心胸？何等魄力？湯武革命之正，於是成爲千古定評，推而至於　國父成就革命大業也正順乎天而應乎人。　國父之偉大，固不僅在其革命之懋績，而尤在　國父辭總統而不爲，惟護法之是務。　國父成爲世界史上的偉人，正爲因實踐天下爲公的政治哲學，明白這一點，便可知民主實爲我國最古最善之政體，而今之侈談民主者，又何假乎外求？

綜觀全篇，先生的立論完全是基於民有民治民享來闡揚民主政體，對三代以上人民擁戴的君主，特別推崇（民權）；以民爲邦本，能孕育萬民，則本固而邦寧（民主）；嚴夷夏之防，念茲在茲，身體力行（民族），所以先生的行事與文章，隱括一部三民主義，先哲後哲，其歸一揆，實不足怪。

原臣與置相兩篇中所言爲臣之道，應以士之出任乃爲天下而非爲君，爲萬民而非爲一姓。蓋因天下之大，迥非一人所能治，而臣者分治之，治之群工，亦卽分身之君，先生引孟子：「天子一位，公一位，侯一位，伯一位，子男同一位。」是就中央與地方政府的等級而言，凡五等；君一位，卿一位，大夫一位，上士一位，中士一位，下士一位，是就各級政府的職位而言，凡六等；以此作爲「臣乃分身之君」的注釋。又從而申論之：自外而言，天子之去公，猶公侯伯子男之遞相去。自內而言，君之去卿，猶卿大夫之遞相去；非獨至於天子遂截然無等級也。再舉事例以證之：「昔者，伊尹周公之攝政，以宰相而攝天子，亦不殊於大夫之攝卿，士之攝大夫也。」此論卽今日所謂分工合作，分層負責，而間出之以代行職務的民主政治。三代以後君驕臣諂，於是天子之位，始不列於卿大夫間，小儒又從而譏刺伊周攝政之事，於是天子之位高如在天，稱之爲宸居，而與卿大夫士懸絕，循而至於「臣拜，君必答拜」之古禮，自秦漢以後亦予廢棄，於是君之視臣，直奴而隸之矣。而臣之事君，積威約之漸，而至於「視於無形，聽於無聲」，卽以君之視聽爲視聽，而已則無視聽矣！更何有於「出仕乃爲天下爲萬民，而非爲吾君，爲一姓」之義乎？是以知三代以下的君權所以日張，而臣節之所以日墮，就是這個道理。孟子講民主，先生推崇亞聖，正表示崇尚民主，與孟子同一主張，其思想的超人處，也可以媲美亞聖了。（參照中國幫會史）

梨洲之學，以致用為目的，以修德為講學的根本，以博讀經史為求學的方法。彼不但能言，而且能行；不但學問淵博，而且人格高尚。彼之學說對於中國社會與教育，影響甚大。第一、他們提倡之民權說為清末政治革命導火線之一，所以他可稱為中國之盧梭（專就政治革命方面而言）近代教育為近代政治革命之產兒，所以梨洲的學說，直接於政治革命發生影響，即是間接於教育發生影響。第二、他的注重史學，引起後人對於史學之興趣，清代史學獨盛於浙，萬斯同（著明史）、全祖望（著鮚崎亭集）、章學誠（著文史通義）均是浙人，對於史學均有特別研究，他們均是受了梨洲的影響（見王鳳喈中國教育史）。王先生此一結論，極為中肯，特加轉介，以供參證。

李二曲

先生名顒，字中孚，陝西盩厔人。生於明天啓七年（1627），死時不詳，大約享壽六十餘歲。少年喪父，家境貧寒，賴母氏教導，日以忠孝節義相勗勉，因此鑄成他的高尚人格。他發憤讀書，凡經史百家，無不通覽，關學自張橫渠後，幾於衰絕，至此復興。他卅歲以後，從事於講學生活，在四十歲以前，他的學行已響鳴天下了。當時清廷徵召甚急，稱廢疾長臥不起，常築一堊室自居，自名「二曲堊室病夫」，故學者稱他爲二曲先生。康熙大帝欽其學行，親贈以「關中大儒」四個大字，想見其學術地位。

關於先生之生平及學術，觀下引諸文獻，可以增加了解。

「先正事略李二曲先生事略」：先生名顒，字仲孚，自署曰二曲。先生昌明關學爲己任，關中士爭向先生問學。關學自橫渠後三原涇野少墟累作累替，至先生復盛。當時清主關中書院，先生嘗謀爲馮恭定公設俎豆，勉就之，已而深悔急去之。楊州守駱鍾麟，前令盩厔時，師事先生者也，聞先生至襄城，謂祠事未能旦夕竟，請南下，謁道南書院，以發顧高諸公書，且講學以慰東林學者之望，先生應之，從者雲集，開講於無錫、於江陰、於靖江、於宜興，晝夜不獲休。晚年，遷富平，學者日至，然或才士著書滿家，先生竟扃戶不納，積數日悵然去，或出市廛下戶，先生察其心之不雜，引而進之。當是時北則孫先生夏峯，南則黃先生梨洲，西則先生，時論以爲三大儒。

又「全祖望二曲先生窆石文」：先生姓李氏，諱容字中孚，其別署曰二曲土室病夫，學者因稱之爲二曲先生，西安之盩厔縣人也。當事請主關中書院，先生方謀爲馮恭定公設俎豆，勉就之，既而悔曰，合六州錢，不足鑄此錯也，亟去之。知常州府駱鍾麟前令盩厔師事先生，至是聞已至襄城，謂祠事未能旦夕竣，請先生南下，謁道南書院，以發顧高諸公遺書，且講學以慰東林學者之望，先生赴之，來聽講者雲集，凡開講於無錫於江陰於靖江於宜興，晝夜不得休息。忽靜中涕下如雨，搥胸且悔且詈，曰嗚呼不孝，汝此行爲何事，而竟喋喋於此間，尙爲有人心者乎，雖得見顧高諸公書亦何益，申且不寐卽戒行，毘陵學者固留不能得。所至講學，門人皆錄其語，而先生曰，授受精微，不在乎書，要在自得而已。故其巾箱所藏，惟取反省錄示學者。晚年遷居富平，四方之士，不遠而至，然或才名遠播，著書滿家，而先生竟扃戶不納，積數日，悵然去者，或出自市廛下戶，而有志自修，先生察其心之不雜，引而進之。當是時，北方則孫先生夏峯，南方則黃先生梨洲，西方則先生，時論以爲三大儒。然夏峯自明時已與楊左諸公稱石交，其後高陽相國，折節致敬，易代而後，聲名益大。梨洲爲忠端之子，證人書院之高弟，其後從亡海上。故嘗自言平生無責沈之恨，過泗之慙，蓋其資格皆素高，先生起自孤根，上接關學六百年之說，寒飢清苦之中，守道愈嚴，而耿光四出，無所憑藉，拔地依天，尤爲莫及。

「先正事略駱挺生太守事略」：駱君鍾麟，字挺生，號蓮浦，浙江臨安人。遷常州知府，剏延陵書院，迎李先生於盩厔，講學其中，率諸僚屬及薦紳學士北向聽講，問爲治之要。李先生曰：天下之治亂在人心，人心之邪正在學術，公能大明此學，人心正，風俗移，治道畢矣。君書其言，名曰匡時要務，終身誦之。已而靖江江陰無錫諸有司，爭迎李先生會講明倫堂，李先生爲發明性善之旨，格物致知之說，遠近士蒸然向風，吏治亦丕變。

「二曲集歷年紀略」：康熙十二年，總督鄂善修復關中書院，肅幣聘先生講學。先生登座，公與撫軍藩臬以下，抱關擊柝以上，及德紳名賢進士貢舉文學子衿之衆，環階席而侍聽者幾千人。先生立有學規會約，約束禮儀，整肅身心，三月之內，一再舉行，鼓蕩摩厲，士習丕變。

欲知先生之學術，觀全祖望「二曲先生窆石文」，益可知其梗概，今節錄之。

其論學曰：天下之大根本，人心而已矣；天下之大肯綮，提醒天下之人心而已矣。是故天下之治亂，由人心之邪正，由學術之晦明。嘗曰：古今名儒倡道者，或以主敬窮理爲宗旨，或以先立乎大爲宗旨，或以心之精神，或以自然，或以復性，或以致良知，或以隨處體認，或以正修，愚則以悔過自新爲宗旨。蓋下愚之與聖人，本無以異，但氣質蔽之，物欲誘之，積而爲過。此其道在悔，知悔必改，改之必盡，夫盡，則吾之本原已復，復則聖矣。曷言乎自新？復其本原之謂也。悔過者，不於其身，於其心，則必於其念之動者求之，故易曰知成其神。其論朱陸二家之學曰：學者當先觀象山慈湖陽明白沙之書，闡明心性，直指本初，熟讀之，則可以洞斯道之大源，然後取二程朱子以及康齋敬軒涇野整菴之書玩索，以盡踐履之功，收攝保任，由功夫以合本體，下學上達，內外本末，一以貫之。

先生論性是遵守孟子的性善說，也是折衷程子的性兼氣質說，不過在「學髓」裏面擬設了一個本性圖，且再三說明此圖之意義。大意是：人生最有價值的只是一點「靈原」，這一點東西是絕對的渾然一體的，又是純粹至善無一毫人欲之私的。「與天地合其德，與日月合其明」，與時間同其長久，吾人初生即具此靈原，吾人既死而它依舊永存。靈原本來既然善的，何以能發生人欲之念而有惡的行為呢？他說：「天地之性，人為貴。人也者，稟天地之氣以成身，即得天地之理以成性，此性之量本與天地同其大，此性之靈本與日月合其明，本至善無惡，至粹無瑕，人多為氣質所蔽，情欲所牽，習俗所囿，時勢所移，知誘於物，旋失厥初，漸剝漸蝕，遷流弗覺，以致卑鄙乖謬，甘心墮落於小人之歸。甚至雖具人形，而其所為有不遠於禽獸者，此豈性之罪也哉。」（悔過自新說）

據上所引，可見先生以吾人本性只是一點靈原，純粹至善的，因「氣稟」與「物誘」的原故，才有種種惡的行為發生。而惡之形成不過起於最初之一念，所以這一念最是吃緊，教育上的工夫，就當在這一點上着力。換言之，教育的意義，就是教人悔過以自新。吾人的過失勿論大或小，全是起於一念之頃，一念不善，滋長起來，就為害無窮，所以悔過的工夫須於「起心動念處」下手。

說到教育宗旨，先生是主張培養「明體適用」的通儒。明體而不適用，謂之腐儒；適用而不明體，謂之霸儒；既不明體，又不適用，謂之異端；通儒是既明體而又能適用的。何謂明體適用？他說：「窮理致知，反之於內，則識心悟性，實修實證；達之於外，則開物成務

，康濟羣用，夫是之謂明體適用。」（盩厔答問）

先生一生以昌明聖學爲己任，所以對於講學看得非常重要。他說：「立人達人，全在講學；移風移俗，全在講學；撥亂反正，全在講學；旋乾轉坤，全在講學；爲上爲德，爲下爲民，莫不由此。此生人之命脈，宇宙之元氣，不可一日息焉者也。」（匡時要務）

此則清初諸大儒共有之精神，抑亦承宋明諸儒之敎，有見於人之本原，不隨流俗爲轉移者。孫奇逢、黃梨洲、李二曲三先生，是明末的遺民，是清初的大儒，皆以博學篤志砥節勵俗，爲當時所宗仰，爰述其學行如上，以告當世，而勵來者。

附錄二

梨洲之生平與學派

書院講學多大師。清初北則孫先生夏峯，南則黃先生梨洲，西則李先生二曲，爲最著名，世論以爲三大儒。關於三大儒之行誼已見前文，茲更一述梨洲之生平與學派。

明末諸老如黃梨洲（宗羲）、顧亭林（炎武）、王船山（夫之）、李二曲（顒）輩，初尙守理學藩籬，究言心性，迨明社旣屋，興復之望已絕，乃始激而爲政治上根本改造之理想，此亦明末遺老之一種共有態度。其時如亭林注重各種制度實際的措施（對於政治主張，大率詳於日知錄三十二卷），船山注重民族觀念的激勵（著大學衍、中庸衍等書），而梨洲（著宋元學案、明儒學案、明夷待訪錄等書）則着眼於政治上最高原理的發揮。三家鼎峙，而梨洲尤爲盡探本窮源之能事。

一、生平

黃梨洲名宗羲，字太冲，號梨洲，浙江餘姚人。生於明萬曆三十八年（一六一〇），卒於清康熙三十四年（一六九五），年八十六。卒後，門人私諡曰文孝，學者稱南雷先生。關於梨洲的生平，可分幾個時期述之。

第一時期

梨洲自明萬曆三十八年生至崇禎十六年三十四歲之一段時期中，幼被家學，薰染東林，錐奸揭亂，聲氣一時。根據其七世孫垍炳所輯年譜，梨洲自十四歲隨父忠端公尊素至京師，時東林君子時過寓邸，屏左右論時事，獨梨洲在側，故自幼卽知朝局清濁之分。十七歲，父忠端公被逮，閏六月斃於詔獄。十九歲，莊烈帝卽位，梨洲袖錐入京，錐閹豎許顯純，摣崔應元胸，拔其鬚祭父，又與蒙難子弟共捶斃牢頭二人。祭哭，聲震如雷。莊烈帝聞之曰：「忠臣孤子，甚惻朕懷。」二十歲，侍劉蕺山講席，後嘗自云，聊備門人之數，初未嘗得其宗旨也。二十一歲，至南京，遊大會，入詩社，與南都名士，詩酒往還。二十二歲，念父忠端公被逮時，途中嘗囑曰，「學者不可不通知史事，將架上獻錄涉略可也」。至是始發憤，自明十三朝實錄，上溯二十一史，每日丹鉛一本，遲明而起，鷄鳴方已，兩年而畢。二十三歲時，與東林復社，往還頻仍，每晚潮落日，孤篷入港，見者皆知其爲甬上訪先生昆仲之舟至。二十九歲，列名「南都防亂揭」，攻擊馬阮。斯後五年而北京陷，福王立，阮大鋮製蝗蝻錄，欲盡殺東林復社；未久，清兵至，梨洲始得免於死。

第二時期

梨洲自清順治元年三十五歲至十六年五十歲之一段時期中，經歷板蕩，興舉義師，屢遭清帝下詔指名追捕，九死一生。按年譜，三十六歲，劉蕺山絕食死，梨洲糾合黃竹浦子弟數百人，駐軍江上，迎奉魯王，人呼之曰「世忠營」。三十七歲，爲兵部職方司主事，兼監察御史。六月，兵敗，魯王入閩，梨洲入四明山，結寨自固，後又徙化安山。四十歲，魯王還浙，晉梨洲爲副都御史。十月，乞師日本，抵長崎而返。四十一歲，遭大帥名捕。仲弟晦木（宗炎）被獲，臨刑，以計得免。四十二歲，清兵下翁洲，魯王復入閩。四十五歲，復遭名捕。四十七歲，又遭名捕，仲弟又被獲而又以計脫。五十歲，清兵有防海之役，廣肆擾掠，梨洲乃又入化安山，自是雄心稍息。

第三時期

梨洲自五十歲以後直迄終年之一段時期中，入山著述，講學浙東。按年譜，五十二歲著易學象數論及緯書三史。五十三歲，著明夷待訪錄，次年續成之。五十六歲，萬充宗（斯大）季野（斯同）來受業，呂用晦（留良）來訪。五十七歲，至海昌，訪陳乾初（確）。五十八歲，復興證人書院，表顯師門之學。五十九歲，始選明文案；復會講證人書院，有證人會語。六十四歲，孫夏峯以所著理學宗傳爲梨洲母八十壽。六十六歲，明文案選成，凡二百一十七卷。六十七歲，顧亭林書至，附日知錄，謂自幸其中所論，同於待訪錄者十之六七。是歲，明儒學案成，凡六十二卷。後復續纂宋儒學案、元儒學案，均未成。斯後居海昌五年，教勾股之學，復授時、西洋、回回三曆。七十歲，拒修史之徵，以大事記三史鈔付萬季野，使預修明史；次年詔令地方官就梨洲家繕寫資料以進，梨洲復遣三子百家入京參史局。八十三歲，明儒學案始梓行，著今水經。八十四歲，選明文海四百八十二卷成，又擇要爲明文授讀六十二卷。後二年，卒。

二、學術

梨洲生平已略如前述，茲再言其學術思想。

論者有謂梨洲之學，以濂洛之統，綜會諸家，張橫渠之禮　，邵康節之象數，呂東萊之文獻，陳思齊之經術，葉水心之文章，無不研究。因其父被逮時，途中嘗囑曰：「學者不可不通知史事」一語，故自幼即致力於史學，宜其造詣特深，成爲一代之史學大師矣。何伯丞（炳松）曰：

「釋家思想，經儒家之陶冶，成爲陸王一派之心學；道家思想，經儒家之陶冶，成爲朱子一派之道學；而儒家本身，則因程頤之主張多識前言往行以蓄其德之故，蔚成浙東之史學。故吾國學術，至南宋而後，成爲三大宗門；吾國史學，亦至南宋始獨樹一幟。……故程氏雖非浙人，而浙學實淵源於程氏。浙東之人，傳程學者，有永嘉之周行己、鄭伯熊及金華之呂祖謙、陳亮等，實則浙東永嘉、金華兩派之史學，卽朱熹所目爲功利之學者也。………迨明代末年，浙東紹興又有劉宗周其人者出，「左袒非朱，右袒非陸」，其學說一以愼獨爲宗，實遠紹程氏之無妄，遂開浙東史學中興之新局。故劉宗周在吾國史學上之地位，實與程頤同爲由經入史之開山。其門人黃宗羲承其衣缽而加以發揮，遂蔚成淸代寧波萬斯同全祖望及紹興邵廷采章學誠等之兩大史學系。前者有學術史之創作，後者有新通史之主張，其態度之謹嚴，與立論之精當，方之現代西洋新史學之識解，實足競爽。（見通史新義頁一四〇）。

觀上所引，可見明淸浙東學術之淵源，而浙東史學之脈絡亦可見其端倪。趙儷生更有扼要之指陳，照錄於下：

以予所見，浙東之學，似應分爲兩橛以述。在哲學思想方面，陽明蕺山，一冠一殿，巍然大觀。尤以蕺山以一代名臣名儒，發明愼獨存養之旨，使陽明高踔之見，底於實地；流弊始淸，精微大見。至於梨洲，述師說耳。梨洲以後，如二萬一全，則史學的建樹愈增，而哲學的興趣愈少。而在史學方面，則梨洲實一代開山之祖也。試觀其明儒學案一著，梨洲自云，於各家「深淺各得，醇疵互見」，「未嘗以懜憧精神，冒人糟粕」（自序）。又云，「分別要領，如燈取影」，如「丸之不能出於盤也」（發凡）。季野繼之，以成明史稿；謝山又繼之，以成宋元學案及明末諸遺老之志狀碑銘。——此中精神路數，實一脈相傳者也。至於實齋，已創新義，則應另闢一宗矣。（見梨洲學派述）

梨洲學術之主要部分，蓋在史學；而其史學之代表作。當推明儒學案爲最精卓。其具備之特色如左：

（一）爲不倚門戶，不存未化之成局，而一任各家一偏之見，相反之論，叢萃於一書之中。

此乃明儒學案之承繼蕺山皇明道統錄，而青勝於藍者也。梨洲自序及發凡均曾對此頻頻自詡。其言曰：「盈天地皆心也。變化不測，不能不萬殊。心無本體，工夫所至，即其本體。故窮理者，窮此心之萬殊，非窮萬物之萬殊也。是以古之君子，寧鑿五丁之間道，不假邯鄲之野馬，故其途亦不得不殊。奈何今之君子，必欲出於一途，使美厥靈根者，化爲焦芽絕港？夫先儒之語錄，人人不同，只是印我之心體，變動不居；若執定成局，終是受用不得」（自序）。繼復擧鄆仲昇之於蕺山遺敎猶不無成局之限曰：「羲幼遭家難，先師劉蕺山先生視羲如子，扶危定傾，日聞緒言。小子翼翼，夢奠之後，始從遺書，得其宗旨。歲己酉，毗陵鄆仲昇來越，著劉子節要。仲昇，先師之高第弟子也。書成，羲送之江干，仲昇執手丁寧曰，今日知先師之學者，惟吾與子兩人，議論不容不統一，惟於先師言意所在，宜稍爲通融。

義曰，先師所以異於諸儒者，正在於意，豈可不爲發明？仲昇欲義敍其節要，義終不敢。是則仲昇於殊途百慮之學，尚有成局之未化也。」（同上）梨洲復評周海門所著聖學宗傳曰：「各家自有宗旨，而海門主張禪學，擾金銀銅鐵爲一器，是海門一人宗旨，非各家之宗旨也」（發凡）。此在梨洲，爲大不易。蓋梨洲一如謝山之所評，「黨人之習未除，文人之習未除」，其門戶之見，如與陳乾初、潘用微往復駁難之迹，可以見之。第及晚年，偏見始見消除。六十七歲，學案始寫成；八十四歲，始撰序例。故學案中成局爲較少者。然此種特色，在反對派看來，已是致命傷處，如唐鏡海（鑑）學案小識中卽有指摘，「……千古之學術統紀由是而亂，後世人心之害陷由是而益深也。……墨晏可以比於尼山，莊列可以齊於鄒國，先生亦學道者也，曾不爲之思乎？」吾人倘以近事比擬之，則梨洲所著之學術史，爲美國式的學術史；而鄲仲昇、周海門、唐鏡海等所主張之學術史，則爲德國式的學術史。前者歷述他人，頗具自由主義風度；後者自有立場，往往借敍他人以宣傳其一己之學說主張者也。

(二)爲各派各家，得其宗旨，究其竅要，詳其師友淵源傳授繼承之迹。卽細微處亦靡不辨析，故無膚淺疏略之弊，而有剪裁纖巧之工。換言之，卽梨洲不僅以一思想家之身份出現於其學術史中，並進以歷史家之全副本領，以從事於一代思想之剔扶扒梳。梨洲自言曰：「大凡學有宗旨，是其人之得力處，亦是學者之入門處。天下之義理無窮，苟非定以一二字，如何約之，使其在我。故講學而無宗旨，卽有嘉言，是無頭緒之亂絲也。學者而不能得其人之宗旨，卽讀其書，亦猶張騫初至大夏，不能得月氏要領也。是編分別宗旨，如燈取影。杜牧之曰，丸之走盤，橫斜圓直，不可盡知；其必可知者，是知丸之不能出於盤也。夫宗旨亦若是而已矣。」（發凡）又曰：「於是爲之分源別派，使其宗旨歷然由是而之焉。」（自序）而其評孫夏峯理學宗傳也，則曰：「鍾元雜收，不復甄別，其批注所及，未必得其要領。」（發凡）梨洲於明儒學案之自信凡如此，而吾人試讀其中陽明蕺山諸學案，亦將確認其自信之有據也。然以余所見，亦未必全書上下，盡是如此精當，例如其卷五十七諸儒學案中講孫夏峯一段，旣乏精彩，又不親切，此不過聊擧一徵，以見丸之亦時或偶一軼於盤外也。

(三)爲各從全集摘要鈎玄，不抄襲前人舊本。

此一點與亭林之治考證，必以直接材料爲重者相同。梨洲之言曰：「每見鈔先儒語錄者，薈撮數條，不知去取之意謂何；其人一生之精神，未嘗透露，如何見其學術？是編皆從全集纂要鈎玄，未嘗襲前人之舊本也。」（發凡）故於搜羅未及，或見而復失諸家，如朝邑韓苑洛（邦奇）等寧付闕如，是梨洲治史之謹嚴處也。

(四)爲書中風光掩映，誘人入其彀中。

此一點，蓋言梨洲於思想家、歷史家之外，復發揮其早年東林復社縱橫之氣，以名士之筆，使此一部學術史之似應爲極呆板極枯燥之書者，反而使人津津樂讀。然梨洲亦極慮其因而產生流弊也。梨洲之自言曰：「胡季隨從學晦翁，晦翁使讀孟子。他日問季隨，至於心獨無所同，然乎？季隨以所見解。晦翁以爲非，且謂其讀書魯莽不思。季隨思之既苦，因以致疾。晦翁始言之。古人之於學者，其不輕授如此，蓋欲其自得之也。卽釋氏亦最忌道破，人便作光景玩弄耳。此書未免風光狼藉。學者徒增見解，不作切實工夫，則義反以此書得罪於天下後世矣。」（發凡）故此一特色，一可以褒，亦可以貶，蓋梨洲正如謝山所評，黨人文人之積習，猶未能盡除也。（引同上）

梨洲學術之主要部分，既如上述；而其學術復有突兀的部分，卽明夷待訪錄一書所揭出者。是書篇目凡二十一，其尤要者，原君、原臣、原法、置相、學校五篇爲一組，田制三篇爲一組，財計三篇爲一組，餘似爲枝葉。關於原君、原臣、原法中精彩字句，常被稱頌之爲民主精義，而有助於近世民主主義之萌動；故論者有謂梨洲所提倡之民權說，爲清末政治革命導火線之一，所以他可稱爲中國之盧梭云。

按梨洲之政治思想，大要在重民權，抑君權，尊法律。此種思想現今觀之或不爲奇，而在當時環境之下，確係一種特見。至梨州所以發生此種思想，蓋由於明清之際血淚之教訓，如明熹宗之昏瞶殘毒，梨洲尊人之所身罹者；清兵之殺戮禁掠，順康間之文字獄，梨洲之所耳聞目見者；故其攻擊君主專制之處，始能精闢而淋漓。其言曰：

古者以天下爲主，以君爲客，凡君之所畢世而經營者爲天下也；今也以君爲主，天下爲客，凡天下之無地而得安寧者爲君也。……天下之人怨惡其君，視之爲寇讎，名之爲獨夫，固其所也。而小儒規規焉以君臣之義，無所逃於天地之間，至桀紂之暴，猶以爲湯武不當誅之。……豈天下之大，於兆民萬姓之中，獨私其一人一姓乎？（原君篇）

我之出而仕也。爲天下，非爲君也；爲萬民，非爲一姓也。吾以天下萬民起見，非其道，卽君以形聲強我，未之敢從也。……不然，而以君一身一姓起見，君有無形無聲之嗜慾，吾從而視之聽之，此宦官宮妾之心也。——是乃不臣之辨也。……夫治天下，猶曳大木然，前者唱邪，後者唱許。君與臣共曳木之人也。若手不執紼，足不履地，曳木者唯娛笑於曳木者之前，從曳木者以爲良，則曳木之職荒矣。（原臣篇）

後之君主既得天下，惟恐其子孫之不能保有也，思患於未然，而爲之法，然則其所謂法者，一家之法，而非天下之法也。……夫非法之法，前王不勝其利欲之私以創之，後王或不勝其利欲之私而壞之，壞之者固足以害天下，其創之者亦未始非害天下也。……論者謂有治人無治法，吾謂有治法而後有治人。（原法篇）

天下不能一人而治，則設官以治之。是官者，分身之君也。……天子之去公，猶公侯伯子男之遞相去，非獨至於天子遂截然無等級也，……後世君驕臣諂，天子之位，始不列於卿大夫之間……無乃視天子之位過高乎？（置相篇）

學校所以養士也。然古之聖王其意不僅此也。必使治天下之具，皆出於學校，而後設學校之意始備。……天子之所是，未必是；天子之所非，未必非。天子遂不敢自爲非是，而公其非是於學校。（學校篇）

太學祭酒，推當世大儒，其重與宰相等，或宰相退處爲之。……南面講學，天子亦就弟子之列。（同上）

梨洲於距今三百年前，公然指摘「今也以君爲主，以天下爲客」；又以曳木爲例，以示君主與人臣同爲天下之公僕；再以立法、置相、學校諸事，多方限制君權。凡此種種，皆係民權思想的發揮，雖其內容，距離目今歐美之民主尙遠，然其啓蒙之意義與作用，亟可稱道。所以有人將他比之爲法國的盧梭，不能說不相當恰當。

梨洲在田制賦稅方面，主張以下下爲則，三十而稅一，仿屯田之例，計口而授田，其有倡於甦民生之議者，亟可稱道。然於其所持的田制議論中，復另有消息之透露：

自井田之廢，董仲舒有限民名田之議；師丹孔光因之，令民名田無過三十頃，期盡三年，而犯者沒入之。其意雖善，然古之聖君，方授田以養民，今民自有之田，乃復以法奪之，授田之政未成，而奪田之事先見，所謂行一不義而不可爲也。……萬曆六年，實在田土七百零一萬三千九百七十六頃。……況田有「官」「民」，官田者，非民所得而自有者也。州縣之內，官田又居其十分之三。以實在田土均之人戶一千六十二萬一千四百三十六，每戶授田五十畝，尙餘田一萬七千三十二萬五千八百二十八畝，以聽富民之所占，則天之田自無不足，又何必限田均田，紛紛而徒爲困苦富民之事乎？（田制二）

由此可見梨洲政治主張之兩面性，一面改革田制賦稅，以使一般平民生活獲得極有局限的改良；一面固堅持土地私有之見，藉作爲地主豪富現身說法。故梨洲之政治思想，如其呼之爲民權思想，毋寧呼之爲紳權思想，紳權思想在歷史上反君主專制之傾向，固已由來甚久。在其反君主專制上看，是進步的；在其縉紳基礎上看，則是保守的。此種以縉紳爲立場的說法，不僅梨洲一人如此，王船山亦嘗有同樣之論調：「以爲自可限民之田，使豪強之無兼併乎？此猶割肥人之肉，置瘠人之身，瘠者不能受之以肥，而肥者斃矣。」（宋論卷十二光宗）明末大老之受身世限制者類如此，然吾人固不能閹割其學說之啓蒙意義也。

梨洲之經濟主張，在廢止金銀，廣鑄錢幣，使財用流通；並破除迷信，節省無謂消耗。其言曰：

錢幣，所以爲利也。唯無一時之利，而後有久遠之利。以三四錢之費，得十錢之息；以尺寸之楮，當金錢之用；此一時之利也。使封域之內，常有千萬財用流轉無窮，此久遠之利也。後之治天下者，常顧此而失彼，所以阻壞其始議也。……故今日之錢，不過資小小貿易；公私之利源，皆無賴焉。是行錢與不行等也。誠廢金銀，使貨物之衡盡歸於錢……斂田土、賦粟帛外，凡鹽酒征榷，一切以錢爲稅。如此而患不行，吾不信也。（財計二）

今夫通都之市肆，十室有九，有爲佛而貨者，有爲巫而貨者，有爲優倡而貨者，有爲奇技淫巧而貨者；皆不切於民用，一概痛絕之，亦庶乎救弊之一端也。此古聖王崇本抑末之道。世儒不察，以工商爲末，妄議抑之。夫工固聖王之所欲來，商又使其願出於途者，蓋皆本也。（財計三）

自明中葉至於清初，手工業與商業資本已相當發達，礦冶之事，亦漸進步。江浙一帶，尤爲財貨貿易與對海外交通頻仍之地，故梨洲之不免憧憬於初期工商業社會之繁榮而預言之者，亦極自然之事也。

三、學派

關於梨洲之師承與薪傳，章實齋（學誠）曰：

浙東之學，雖出婺源，然自三袁之流，多宗江西陸氏，而通經服古，絕不空言德性，故不悖於朱子之教。至陽明王子，揭孟子之良知，復與朱子牴牾。蕺山劉氏，本良知而發愼獨，與朱子不合，亦不相詆也。梨洲黃氏，出蕺山劉氏之門，而開萬氏兄弟經史之學，以至全氏祖望輩，尚存其意，宗陸而不悖於朱者也。（文史通義內篇浙東學術）

劉宗周

根據上引，可見梨洲師事蕺山而再傳弟子萬氏兄弟及全祖望等人。再據姚名達的劉宗周年譜述：

……緹騎至浙，將逮黃尊素，不敢東渡錢塘。督撫移檄紹興知府。一時誤傳爲先生，家人惶遽。先生慰之曰：「勿恐，寧今日而知有是耶」？安坐待之。明日始知其逮尊素也。尊素就逮至郡，先生餞之蕭寺，促膝談國是，危言深論，涕泣流漣而別。尊素命長子宗義從先生遊。

劉宗周字起東，號念臺，山陰人，學者稱蕺山先生，明亡，山居絕食而死。（生明萬曆六年，卒清順治二年，年六十八）蕺山之學，出自陽明，而亦兼宗程朱。不但能繼承過去之學說，自己並有獨到之處。如他主張唯心的一元論，說明較陽明更爲透澈；他以誠敬爲愼獨，以愼獨爲入學之方，其說雖本之程朱，而自己亦更有進一步之說明。

蕺山平生學說精髓，在於愼獨二字。他以人性爲絕對的善，惡由於後天的習慣，故教育之目的卽在復性。復性卽是復此知善知惡之性，故曰：「復以自知。」自知其爲善，則爲善無不盡；自知其爲惡，則去惡無不盡。去惡旣盡，則無惡可習；爲善旣盡，則無善可習。此之謂渾然至善，依然人生之初，而復性之能事畢矣。惡由於習，故教育方法最要者在愼習。卽是說起居動靜均須養成良好之習慣；習慣良善，則是習慣與性合而爲一矣。但愼習之功須從何處下手？曰在愼其獨。何謂「愼」？「小心翼翼，昭事上帝，上帝臨汝，無貳爾心」，這就叫做愼。何謂「獨」？屏居獨處，一念萌起，他人未知，己獨知之之處，這就叫做獨。所謂愼獨，卽是念慮之萌能戒愼恐懼，使中和之狀態，至善之本性，得以保存。故所謂愼獨，卽是主敬，敬則誠，誠則浩然與天地同流，這便是本體與工夫合而爲一，爲學至此，便到了至善之地位矣。

蕺山此一段精義，梨洲承繼之，闡揚之，而未嘗有所發明也。而蕺山年五十時，嘗輯成皇明道統錄七卷，其體裁倣朱熹名臣言行錄，首記平生行履，次抄語錄，末附斷論，大儒則特書，餘各以類見。去取一準孔孟，有假途異端以逞邪說，託宿鄉愿以取世資者，擯弗錄；卽所錄者，褒貶俱出獨見。（見劉汋先君子蕺山先生年譜）此一點，正是梨洲承襲衣缽，大加發皇處也。

與梨洲同時前後，浙東學者，爲數甚夥，其及門受業，爲梨洲史學正傳者二人，曰萬充宗、萬季野。未及親炙，聞風興起者一人，曰全謝山，玆略述之。

萬斯大

萬斯大字充宗，鄞縣人。不事科擧，湛思諸經，考證精確，尤精春秋三禮，所著有學禮質疑周官辨非等書。先梨洲十二年卒，梨洲嘗爲撰墓誌通略曰：

充宗生逢喪亂，不爲科擧之學，湛思諸經，以爲非通諸經不能通一經，非悟傳註之失則不能通經，非以經釋經則亦無由悟傳之失。何謂通諸經以通一經？經文錯互，有此略而彼詳者，有此同而彼異者，因詳以求其略，因異以求其同，學者所當致深思者也。何謂悟傳註之失？業者入傳註之重圍，其於經也無庸致思，經既不思，則傳註無失矣，若之何而悟之？何謂以經解經？世之信傳註者過於信經，試拈二節爲例：八卦之方位，載於經矣，以康節離南坎北之臆說，反有致疑於經者。「平王之孫，齊侯之子」，證諸春秋，一在魯莊公元年，一在十一年，皆書「王姬歸於齊。」周莊王爲平王之孫，則王姬當是其姊妹，非襄公則威公也。毛公以爲武王女，文王孫，所謂「平王爲平正之王，齊侯爲齊一之侯」，非附會乎？如此者層見疊出。充宗會通各經，證墜緝缺，聚訟之議，渙然冰泮，奉正朔以批閏日，百注遂無堅城。（南雷文約卷一）

由此可見在浙東學者中，充宗已將考證精神引入經史之學，可謂於無意中，將亭林梨洲兩派學風合而爲一，而與梨洲之猶存黨人之習、文人之習者，已更去華而就實矣。

萬斯同

萬斯同，斯大之弟，字季野，學者稱石園先生。其學以愼獨爲主，專意古學，博通諸史，尤熟於明代掌故，明史稿五百卷皆其手定。小於梨洲二十八歲，年六十五卒，卒後，門人私謚曰貞文先生。全謝山嘗爲之傳，略曰：

修明史，崑山徐學士元文，延先生往。時史局中徵士，許以七品俸，稱翰林院纂修官。學士欲援其例以授之。先生請以布衣參史局，不置銜，不受俸。總裁許之。諸纂修官以稿至，皆送先生覆審。先生閱畢，謂侍者曰，取某書某卷某葉，有某事當補入；取某書某卷某葉，某事當參校。侍者如言而至，無爽者。明史稿五百卷，皆先生手定，雖其後不盡仍先生之舊，而要其底本足以自為一書者也。（鮚埼亭集卷二十八萬貞文先生傳）

其治史精神，亦以考證。方望溪（苞）為撰墓表，錄其論治之語：「凡實錄之難詳者，吾以他書證之；他書之浮且濫者，吾以所得於實錄者裁之，雖不敢具謂可信，而是非之枉於人者蓋鮮矣。」錢辛楣（大昕）為撰傳，錄其論史表之語曰：「史之有表所以通紀傳之窮，有其人已入紀傳而表之者，有未入紀傳而牽連以表之者，表立而後紀傳之文可省，故表不可廢；讀史而不讀表，非深於史者也。」於此可見，季野於史學出自梨洲，而實較梨洲為史精進者。

全祖望

全祖望，字紹衣，號謝山，亦鄞人。生於康熙四十四年（一七〇五），卒於乾隆二十年（一七五五），年僅五十一。按其弟子董秉純所撰年譜，年四十六即病甚，命若將盡，其友姚薏田曰：「子病在不善持志。理會古人事未了，又理事今人事，安得不病？」其生平著作之尤要者，有續黃氏宋元學案，七校水經注（原本今佚）及鮚埼亭集。謝山學術淵源，蓋有二端。一嘗與江西陸學後勁李穆堂（紱），同居京師，謝山自云：「紫藤花下，無日不奉明誨」，又嘗相約同抄永樂大典。穆堂修陸子學譜，謝山譽其「搜羅潛逸，較姚江黃徵君學案數倍過之」。故錢賓四先生以其切磋所自，與穆堂實至深切。二，於梨洲、二萬，為鄉邦後學，亦自受其未灸之敎，觀其續黃氏宋元學案可知也。謝山嘗曰：「予續南雷宋儒學案，旁搜不遺餘力，蓋有六百年來儒林所不及知，而予表而出之者，韓氏亦其一也。」（結埼亭集卷三十蕺山相韓舊塾記）梁任公（啓超）先生評此書，謂其於各派學術淵源，闡發至明，然頗有失之太繁的地方。（見其學術史頁九三）任公又謂頗愛讀結埼亭集，推之為古今人文集之第一部。劉中叔（光漢）嘗為撰傳，略曰：

迨及晚年，益留心明季遺聞，凡明末里民之死難者，為之博考野史，旁及家乘，作為墓銘志傳，纏綿惻愴，有變徵之奇。又以明末巨儒若南雷、亭林、二曲、桴亭、青主，或抗首陽高節，矢志不渝，自以新朝處士，厥情焉挨，乃各為墓表之文，以誌其景仰。別有遺民逸士，苦身持力，志潔行勞，足勵末俗，亦發為文章，以彰節烈。……紹衣既歿，而浙人承其志者，有仁和龔自珍，德清戴望，攄胡之思，形於言表。（見國粹學報）

此段最後數句，極可注意。蓋謝山不僅與穆堂同為象山學術在清代之最後壁壘；不僅上承梨洲、二萬，下啓念魯實齋，為浙東史學一大中堅；而其緒餘，復又大有助於晚清公羊學派之興起矣。

中華社會科學叢書

中國書院制度考略

1912

作　　者／張正藩　著
主　　編／劉郁君
美術編輯／鍾　玟

出 版 者／中華書局
發 行 人／張敏君
副總經理／陳又齊
行銷經理／王新君
地　　址／11494 臺北市內湖區舊宗路二段181巷8號5樓
客服專線／02-8797-8396　　傳　　真／02-8797-8909
網　　址／www.chunghwabook.com.tw
匯款帳號／兆豐國際商業銀行　東內湖分行
067-09-036932　中華書局股份有限公司

法律顧問／安侯法律事務所
製版印刷／百通科技股份有限公司　海瑞印刷品有限公司
出版日期／2017年7月再版
版本備註／據1981年3月初版復刻重製
定　　價／NTD 300

國家圖書館出版品預行編目（CIP）資料

中國書院制度考略 / 張正藩著.-- 再版. -- 臺北市 : 中華書局, 2017.07
面 ; 公分. --（中華社會科學叢書）
ISBN 978-986-94068-4-0(平裝)
1.書院制度 2.中國

508　　106008208

NO.F1020
ISBN 978-986-94068-4-0（平裝）